Couvertures supérieure et inférieure manquantes

ÉDUCATION MORALE ET CIVIQUE

BIBLIOTHÈQUE DE LA JEUNESSE FRANÇAISE

PREMIÈRE SÉRIE

Serment du jeu de Paume.

DEVOIRS & DROITS

DE L'HOMME

PAR

HENRI MARION

Professeur de philosophie au lycée Henri IV

PARIS

LIBRAIRIE CENTRALE DES PUBLICATIONS POPULAIRES

H.-E. MARTIN, DIRECTEUR

45, RUE DES SAINTS-PÈRES, 45,

1880

EN VENTE A LA MÊME LIBRAIRIE

Dans la même collection

PREMIÈRE SÉRIE

1° **Jeanne d'Arc,** par Henri Martin, sénateur, membre de l'Académie Française;

2° **La République des États-Unis,** par H. Maze, de l'École Normale supérieure, député de Seine-et-Oise, ancien préfet;

3° **Les Généraux de la République, Kléber,** par le même;

4° **Colbert,** par Augustin Challamel, auteur des Mémoires du peuple français ;

5° **Carnot,** par H. Depasse, publiciste;

6° **Les Petits Maraudeurs,** par Aubin, ancien professeur de l'Université;

7° **Devoirs et droits de l'Homme,** par H. Marion, professeur de philosophie au Lycée Henri IV;

INTRODUCTION

Ce petit livre est fort sérieux ; mais j'espère qu'on ne lui en fera pas un reproche.

Il ne s'adresse pas aux tout petits enfants, à ceux qu'il faut amuser à tout prix, même en les instruisant. A ceux-là il faut des récits qui parlent à l'imagination, si non des historiettes puériles et niaises où tout est factice et qui les rebutent eux-mêmes, au moins des *histoires*, réelles ou inventées, dans lesquelles la vérité morale ou la vérité historique revêtent une forme vivante, et touchent le cœur pour mieux se graver dans l'esprit. Il importait surtout d'écrire pour ces petits enfants la vie de nos grands hommes et de nos héros, et c'est une bonne fortune pour eux, un grand bien pour l'éducation publique, que les grandes figures populaires de Dunois, d'Etienne Marcel, de Bayard, de Coligny, de la Tour d'Auvergne, leur soient retracées, d'une manière à la fois exacte et saisissante, par des écrivains dont le talent égale l'autorité.

Mais n'y a-t-il pas dans nos écoles beaucoup d'enfants capables de se plaire à des lectures d'un autre caractère? A treize ou quatorze ans le jugement commence à se former. Une causerie grave quant au fond, mais très-simple, sur les choses de la vie réelle ne peut manquer, ce semble, d'intéresser l'élite des enfants de cet âge. Déjà de toutes parts on fait, pour la classe même, des livres de lecture où il est question de la famille, de la patrie, des droits et des devoirs. Plusieurs de ces livres ont eu dès le premier jour un remarquable succès; et il est à noter que ce ne sont pas les plus enfantins qui ont la préférence des maitres et des enfants.

Et pourtant ces livres de lecture s'adressent à toute la classe indistinctement. Que dire donc d'un livre de prix destiné seulement aux meilleurs élèves? J'ai écrit celui-ci surtout pour les enfants qui sont sur le point de quitter l'école. Si j'en juge par mes souvenirs d'écolier et par les confidences recueillies presque chaque année à la campagne, auprès des écoliers du village, le nombre est plus grand qu'on ne croit de ceux qui préfèrent aux récits plus ou moins amusants les livres sérieux. Règle général, les enfants n'aiment pas beaucoup ce qui est écrit exprès pour eux. Que d'*histoires* édifiantes, données en prix, ne sont jamais lues jusqu'au bout ! Pourquoi n'essayerait-on pas de donner au moins aux enfants les plus avancés des livres de prix qu'ils puissent, sinon dévorer en un matin, au moins garder utilement et retrouver plus tard avec plaisir?

Car songeons bien qu'ils n'auront jamais beaucoup de livres à eux, ni même, à la campagne du moins, beaucoup de livres à leur disposition. Ces livres de prix, que l'enfant emporte de l'école, seront souvent toute sa bibliothèque. Faisons donc en sorte de les lui donner tels, que, devenu homme, il soit bien aise de les avoir, et puisse les feuilleter toujours avec profit.

C'est dans cette intention que je me suis appliqué à condenser dans ces quelques pages, sans me donner trop de peine pour les rendre amusantes, mais en m'en donnant beaucoup pour les rendre claires, tout ce qu'il importe qu'un honnête homme sache de ses devoirs et de ses droits.

Il est question ici tour à tour de toutes les obligations de l'homme, comme membre d'une famille, comme citoyen d'une nation libre, comme membre de la grande famille humaine. On n'a omis ni les devoirs de l'homme envers les animaux, ni les règles morales qui concernent les croyances religieuses. Le tout se déduit de quelques principes généraux posés au commencement, et établis d'une manière rationnelle, exacte, on pourrait presque dire scientifique, quoiqu'on ait pris grand soin d'éviter un langage trop abstrait.

Nous croyons que les enfants qui recevront comme récompense ce petit manuel de l'homme de bien, ne se plaindront pas d'être traités déjà comme de petits hommes. Et dans la suite, ils sauront gré au maître qui aura eu de leur intelligence cette bonne opinion.

Puis, quelques-uns peut-être liront quelques-unes de ces pages à leurs parents : J'ai vu souvent ce touchant spectacle, d'un père, d'une mère entièrement illettrés, tout heureux de se faire faire la lecture par leur enfant, dans le livre qu'il a conquis à l'école. Plus d'un passage ici serait alors de nature à suggérer aux parents d'utiles et saines réflexions ; et le livre entier, je l'espère, ne peut que leur donner bonne idée de ce qu'on fait à l'école pour élever le cœur des enfants et pour en faire des hommes.

PRINCIPES GÉNÉRAUX

Quels êtres ont des devoirs et sont responsables.

Ce ne sont pas tous les êtres qui ont des devoirs et des droits. L'homme seul est une personne morale.

Une personne est un être responsable, c'est-à-dire tenu de se conduire selon des règles et de répondre de sa conduite.

La responsabilité suppose qu'on ait : 1° la raison pour distinguer le bien du mal, 2° la conscience de ce qu'on fait, 3° la faculté de réfléchir avant d'agir et la liberté de choisir ses actes.

La responsabilité augmente à mesure qu'on sait mieux ce qu'on fait et ce qu'on doit faire. Les petits enfants, les fous, n'ayant ni réflexion ni raison, méritent toute indulgence. Les ivrognes, au contraire, quoiqu'ils ne sachent plus ce qu'ils font étant ivres, sont l'objet d'un juste mépris, parce qu'ils perdent la raison par leur faute.

Tout homme sain d'esprit a l'idée du bien et du mal, c'est-à-dire, de quelque chose qu'on doit faire et de quelque chose qu'on doit éviter. Même les sauvages d'Afrique, d'Amérique et d'Océanie, qui sont les plus misérables et les plus ignorants des hommes, reconnaissent des devoirs. Ils ont des mœurs violentes, ils sont presque toujours en guerre avec leurs voisins et vont parfois jusqu'à manger leurs prisonniers ; mais ils tiennent en honneur le courage, la fidélité, le respect de la parole donnée; ils méprisent les lâches et punissent les traîtres. Ils ont beaucoup de progrès à faire avant de comprendre tous les devoirs et tous les droits de l'homme d'une manière aussi délicate que nous, mais ils sentent aussi fortement que nous l'obligation de faire certaines actions et de n'en pas faire certaines autres : ils ont des règles de morale proportionnées à leur intelligence.

Nature du devoir : ses rapports du bien avec le plaisir et l'intérêt.

Quel est au juste ce devoir, dont tout homme a l'idée? — C'est un commandement, un ordre, quelque chose comme une voix qui parle haut au-dedans de nous-même et qui veut être obéie. Ce n'est pas une nécessité, ni une contrainte, puisqu'on peut s'y soustraire si l'on veut, quoiqu'on ait tort de le vouloir; mais ce n'est pas non plus un simple conseil. C'est, selon le mot d'un grand philosophe, un « *impératif catégorique;* » c'est-à-dire un commandement absolu, sans conditions. Le devoir ne nous dit pas : *si tu veux* devenir riche, fais ceci ; *si tu veux* être heureux, ne fais pas cela. Il nous dit simplement : fais ceci ; ne fais pas cela. Par exemple : tiens toujours ta parole, coûte que coûte, parce que c'est bien, parce que tu le dois : ne mens pas, ne vole pas, ne calomnie pas, quelque plaisir que tu y prennes et quelque avantage que tu y trouves, parce que cela est mal et que la raison le défend.

Le devoir est donc tout autre chose que le plaisir, quoiqu'il n'y ait pas de plaisir comparable à celui de faire son devoir; et tout autre chose que l'intérêt, quoique rien au monde ne soit si avantageux que d'être un honnête homme.

Sans doute l'honnêteté ne consiste pas à fuir tous les plaisirs, car Dieu merci, il y a des plaisirs permis ; mais elle consiste encore moins à chercher toujours le plaisir, car alors les plus vils animaux seraient des modèles de moralité.

L'honnêteté consiste à écouter toujours la raison et faire ce qu'on doit, advienne que pourra : le bonheur viendra par surcroît. Mais si on a pour unique loi de jouir, on ne trouve que le dégoût et le remords. Presque toutes les fautes, presque tous les crimes ont pour causes l'amour du plaisir et les calculs de l'intérêt.

Même les plaisirs permis et les avantages respectables ne sont pas ce qui fait l'homme de bien. La preuve, c'est que nous ne confondons pas un heureux homme qui a tous les plaisirs, un habile homme qui mène bien ses affaires, avec l'honnête homme. L'honnête homme peut être pauvre, malade, ignorant, frappé dans toutes ses affections, dénué de tout : c'est à lui néanmoins que nous réservons notre plus chaude estime et nos éloges. Si nous venions à apprendre qu'il fait le bien par intérêt, aussitôt ses bonnes actions perdraient à nos yeux presque tout leur prix ; mais quand nous sommes sûrs qu'il agit par vraie bonté, sans calcul, par un sincère et profond sentiment du devoir, alors il nous inspire véritablement du respect. Devant lui tout le monde s'incline.

Ce respect se change en admiration, en ardente sympathie, en enthousiasme, si au lieu d'une simple bonne action, naturelle et facile, nous avons sous les yeux un grand acte de dévouement. L'homme qui sans hésiter expose sa vie pour un autre, fait une belle action ; et s'il affronte une mort certaine pour sauver autrui, le sacrifice qu'il fait ainsi de lui-même est sublime.

On raconte que, dans la derniere insurrection de la Pologne, un chef polonais sauva la petite troupe qu'il commandait, par le sublime dévouement que voici : Il venait de faire passer aux siens une rivière et avait voulu rester le dernier sur la rive par où pouvait venir l'ennemi. Tout à coup en effet, au moment où les derniers de ses hommes disparaissaient dans les roseaux de la rive opposée, il voit accourir sur lui un bataillon Russe ! Immobile, il attend. On le saisit, on l'interroge, on veut lui faire dire que les Polonais ont passé-là. — Je n'en sais rien. — Que la rivière est agréable. — Je l'ignore. Alors on lui ordonne d'entrer dans l'eau : on veut s'assurer par lui-même que le passage est praticable. A tout prix il faut leur faire croire qu'il ne l'est pas, il faut gagner du temps. S'il passe, les Russes le suivent, et les Polonais, rejoints par une troupe deux fois plus forte, sont perdus. Il avance donc dans l'eau et feint d'enfoncer brusquement jusqu'à la ceinture, jusqu'aux épaules, puis de perdre pied comme dans une eau très-profonde. Entraîné, roulé par le courant, il pousse à bout sa généreuse ruse et son sacrifice ; il se laisse noyer sous les yeux des Russes, persuadés que le passage était impossible. Quand on découvrit ensuite la vérité, il était trop tard. La petite troupe Polonaise était sauvée.

L'habitude de faire le bien et d'agir en tout par devoir s'appelle la *vertu*, et plus il en coûte, plus grand est le *mérite*.

Le *vice* est, au contraire, l'habitude de faire le mal au mépris du devoir. Une faute isolée n'est pas un vice, mais elle menace toujours d'en engendrer un par la répétition et l'habitude.

Il y a mille degrés depuis la faute légère et la simple faiblesse jusqu'au crime prémédité. Selon la gravité des cas, nous éprouvons pour le coupable une pitié indulgente, de la défiance, de l'aversion, du mépris, de l'indignation, de l'horreur. Quand il est tombé à un tel degré d'abjection, qu'il n'a plus ni scrupules, ni honte, ni aucune dignité, et que sa déchéance paraît sans remède, alors nous avons besoin d'un effort pour le regarder encore comme un homme. Pourtant nous devons, même alors, avoir pour lui toute l'indulgence que la justice permet ; car il est toujours une personne et il peut encore s'amender.

Formules générales du devoir. Règles pour le reconnaître en toute occasion.

Mais il ne suffit pas de dire que l'on doit obéir en tout au devoir, qu'agir par devoir et selon la conscience est la règle suprême de l'honnête homme. Il faut savoir de plus ce que commande le devoir. La bonne volonté est le commencement de la sagesse, mais encore faut-il qu'elle soit éclairée. Certes rien ne vaut l'intention de bien faire, et on pourrait même dire que cette intention suffit, quand elle est sincère et forte : soyons d'une indulgence sans mesure pour ceux dont le bon vouloir n'est pas douteux, quand même ils se tromperaient et nous feraient du mal. Mais il n'en est pas moins vrai que *l'enfer est pavé de bonnes intentions*, comme dit un proverbe. Pour être parfaitement bon, ce n'est donc pas assez d'être résolu à faire son devoir, il faut encore le connaître. Nous venons de voir que certains hommes, comme les sauvages, l'entendent fort mal : la morale a précisément pour objet de nous apprendre à l'entendre bien.

1. — Une première chose certaine, c'est que le devoir étant distinct de notre plaisir personnel et de notre intérêt particulier, est essen-

tiellement général, c'est-à-dire le même pour tous les hommes placés dans les mêmes conditions. Ce qui est bien pour l'un n'est pas mal pour l'autre, ce que la raison défend à Pierre elle ne le permet pas à Paul. De même que la vérité (par exemple une vérité de géométrie) est vraie toujours et vraie partout, et qu'il faut s'y rendre sous peine d'absurdité, de même la justice commande la même chose absolument, partout et à tous.

Il suit de là qu'un moyen infaillible de reconnaître si ce qu'on va faire est bien ou mal, c'est de se demander en conscience si l'acte en question nous paraîtrait bon et raisonnable, fait par tout autre à notre place. Si *oui*, nous pouvons le faire hardiment, si *non* il faut nous l'interdire. Ne disons pas : personne ne le saura ! « Le sage, disaient les anciens, doit pouvoir habiter une maison de verre. » — « En tout et partout, dit fièrement un de nos vieux auteurs, il y a assez de mes yeux à me tenir en office : il n'y en a point qui me veillent de si près, ni que je respecte plus. » Tenons pour certain qu'une action n'est pas bonne quand nous ne voudrions pas qu'elle fût connue et imitée de tous.

2. — Mais parfois l'acte est innocent ou même bon en lui-même et pourtant le motif ne l'est pas. Pour nous en assurer nous n'avons

qu'à appliquer la même règle. En toute franchise, sans chercher à nous tromper nous-mêmes, demandons-nous quel est le vrai motif, le motif secret qui nous guide. S'il n'est pas tel qu'il puisse être avoué tout haut, à tout le monde, il n'est pas bon. Pour qu'il soit bon, il faut qu'il soit digne d'être érigé en maxime générale, valable pour tout être raisonnable dans les mêmes circonstances. — AGISSONS TOUJOURS DE TELLE MANIÈRE, QUE LA RAISON CACHÉE DE NOTRE ACTE, PUISSE ÊTRE DONNÉE COMME RÈGLE DE CONDUITE À TOUS LES HOMMES.

3. — Or, en y regardant bien, on ne trouve qu'une maxime qui soit dans ce cas, c'est-à-dire, qui doive et qui puisse toujours être suivie par tout le monde sans risquer d'égarer personne.

Ce n'est pas cette devise des Épicuriens[1] : *cherche ton plaisir, tâche d'être le plus heureux possible*. Car si tout le monde cherchait uniquement son plaisir, il n'y aurait plus de morale ; et celui qui ne cherche qu'à être heureux n'importe par quels moyens est un égoïste, qui fait souvent beaucoup de mal aux autres, sans arriver pour cela au bonheur qu'il poursuit.

Ce n'est pas non plus cette autre devise pourtant beaucoup plus noble : *Aie toujours en vue*

[1] On appelle ainsi les disciples d'Épicure, philosophe grec qui vivait 300 ans avant Jésus-Christ.

l'intérêt général. Car il est souvent difficile, même aux plus savants, de savoir au juste ce qui vaut le mieux pour l'intérêt général, tandis que le devoir, s'adressant aussi aux ignorants, doit avant tout être clair. Puis, les intérêts changent, le devoir est fixe. Enfin les intérêts ne sont pas toujours d'accord, et l'intérêt commun demande souvent le sacrifice de l'intérêt privé. Or, il s'agit précisément de savoir dans quels cas ce sacrifice est dû et pour quelles raisons il est légitime : il faut donc chercher une autre règle, en dehors et au-dessus de l'intérêt lui-même.

Cette règle supérieure au plaisir, mais qui assure la plus grande des joies à qui la suit ; cette règle supérieure à l'intérêt privé et public, mais qui, suivie par tous, donnerait satisfaction à tous les intérêts ; cette vraie règle du devoir, la même pour tous et partout, à laquelle on peut toujours se fier, qui est toujours claire, qui permet, quand on lui obéit sans réserve, d'attendre en paix les événements, — la voici :

RESPECTE TOUJOURS, EN TOI-MÊME ET DANS LES AUTRES, LA DIGNITÉ DE LA PERSONNE HUMAINE ; — TRAITE TOUTE PERSONNE COMME SACRÉE PAR ELLE-MÊME ; — NE TE SERS JAMAIS DES AUTRES COMME DE SIMPLES MOYENS POUR TON PLAISIR ET TON AVANTAGE.

Grande est la différence entre une personne et une chose. Les choses ne s'appartiennent pas; elles appartiennent à l'homme qui sait les faire servir à ses besoins. Mais une personne, libre et douée de raison, n'appartient qu'à elle-même; elle ne peut être possédée par une autre, ni même employée par une autre si elle n'y consent. La liberté de Pierre vaut la liberté de Paul, ils ont également la raison pour se conduire; ils ont chacun leurs devoirs, chacun leur responsabilité; ils sont égaux devant la morale.

Le Droit et l'égalité des droits. Sentiment de la dignité humaine.

Le commencement de la moralité est d'admettre cette égalité des personnes et de la bien comprendre. Il ne s'agit pas d'une égalité de richesse, de force, de santé, d'intelligence; car, sous tous ces rapports, la nature nous fait inégaux. Nous ne sommes pas non plus également bons, également laborieux, également sages; et il est clair que nous n'avons pas droit à être traités de même, quand nous nous comportons différemment. Mais nous avons tous le même droit à être traités selon nos œuvres. Nous sommes tous égaux devant la justice, tous également respectables dans l'exercice de notre liberté, tant que nous ne portons pas atteinte à celle des autres. C'est cette inviolabilité des personnes qu'on appelle leur DROIT ; et quand on dit que les personnes sont égales, cela veut dire que le Droit est le même pour tous.

Mais que veut-on dire quand on énonce que chacun doit respecter non-seulement les autres, mais lui-même, non-seulement la dignité de ses semblables, mais la dignité humaine en lui-même ?

C'est que l'homme, s'il est une personne parce qu'il a la volonté et la raison, est en même temps un animal. Ses besoins corporels, ses instincts bas, plusieurs de ses passions, sont les mêmes que chez les animaux. S'il n'y prend pas garde, il est toujours en danger d'oublier sa nature d'être *raisonnable* et de tomber dans la simple animalité. Or c'est cette chute que la morale lui interdit avant tout. Elle lui commande donc de tenir toujours sa nature animale, c'est-à-dire ses appétits et ses désirs grossiers, sous la dépendance et sous le contrôle de sa raison. C'est là ce qu'on appelle se respecter soi-même et avoir le sentiment de sa dignité. Quand cette vertu-là manque, il est rare qu'on ait les autres.

Mais ce n'est pas encore assez, d'avoir le respect de soi-même et d'autrui. Il ne suffit pas de ne pas déchoir, il faut toujours tâcher de s'élever en perfection et de valoir mieux que la veille. Non content de ne point faire de mal, il faut faire tout le bien qu'on peut. Un Romain d'autrefois se reprochait d'avoir perdu sa journée quand il n'avait pas fait plusieurs bonnes actions. Notre raison, en effet, conçoit un *idéal* de sagesse et de bonté, dont nous sommes tenus de nous rapprocher toujours dans la mesure de nos forces. Nous verrons tout à l'heure par le détail en quoi consiste cet idéal.

Dès à présent nous savons d'une manière générale ce que la morale commande et à quelles conditions on est un homme de bien. — La première condition est d'agir en tout par raison et par devoir, selon cette belle devise : FAIS CE QUE DOIS, peu importe ce qui doive en résulter pour ou contre notre plaisir, pour ou contre notre intérêt. — La seconde condition, sans laquelle on pourrait faire beaucoup de mal avec de bonnes intentions, est de comprendre que le devoir consiste avant tout dans le RESPECT DES PERSONNES et dans le sentiment de la DIGNITÉ HUMAINE. — La troisième, est d'avoir toujours les yeux sur l'idéal de perfection que la conscience et l'instruction nous découvrent, et de tout faire pour en approcher.

Celui qui remplit ces trois conditions peut

marcher le front haut : c'est dans toute la force du mot un honnête homme. Faisant de son mieux en tout ce qui dépend de lui, il supporte sans peine ce qui ne dépend pas de lui. Quand on n'a rien à se reprocher on est bien fort. Les accidents, la maladie, la misère, même l'injustice des autres, tous les maux enfin dont on n'est pas cause, on les souffre avec patience, quand on a la conscience en paix.

RAPPORTS DE LA VERTU ET DU BONHEUR. SANCTIONS DE LA LOI MORALE.

Ceci nous amène à parler des rapports entre le bien moral et les autres biens, entre le mal moral et les autres maux, en un mot à parler des SANCTIONS de la loi morale.

On appelle sanctions d'une loi tout ce qui sert à la faire respecter, les peines destinées à punir ceux qui la violent et les récompenses assurées à ceux qui lui obéissent. Une loi obligatoire, c'est-à-dire une loi qu'on doit respecter, mais qu'on peut cependant enfreindre si on le veut, doit nécessairement avoir des sanctions ; sinon elle manquerait d'autorité, puisqu'on pourrait à son gré la suivre ou ne pas la suivre, sans que cela ait aucunes conséquences. Il est bon qu'on soit libre de faire le bien ou le mal, car autrement il n'y aurait point de mérite à faire le bien, et nous ne serions plus des hommes ; mais il ne faut pas qu'il n'y ait aucune différence entre ceux qui font le bien et ceux qui font le mal, ni que le même sort les attende.

La justice veut que les bons aient un bonheur proportionné à leur mérite et que les mauvais soient punis à proportion de leur perversité.

La satisfaction morale et le remords. — La santé et la maladie.

C'est notre conscience elle-même qui nous fournit notre première et notre meilleure récompense quand nous faisons bien, notre premier châtiment quand nous faisons mal. Dans le premier cas, nous éprouvons une joie tranquille mais profonde : la paix de la conscience, le bonheur de nous sentir dans l'ordre et d'être contents de nous. Cela console de tout, et permet de ne rien envier à personne. Quel honnête homme échangerait sa pauvreté contre une fortune mal acquise? Le plus grand sage de l'antiquité, Socrate, condamné à mort injustement, se trouvait plus heureux que ses persécuteurs et disait : « J'aime mieux subir l'injustice que de la commettre. »

Quand, au contraire, on a fait le mal sciemment, quand on a clairement vu son devoir et qu'on a fait tout le contraire, on a honte et dégoût de soi. Le malaise intérieur qu'on éprouve alors s'appelle le *remords*, et c'est de toutes les souffrances la plus insupportable. Si la faute commise est un vrai crime, l'angoisse du remords fait perdre le sommeil et ne laisse plus de repos ; elle va parfois jusqu'à faire perdre la raison. Jour et nuit on a son crime sous les yeux, on tremble qu'il ne soit découvert, on se figure à chaque instant que les autres le savent, et en effet on le leur révèle par sa pâleur ou sa rougeur : la faute est comme écrite sur le front du coupable. Un grand poète français a représenté Caïn après le meurtre d'Abel, fuyant avec sa femme et ses enfants, sombre, épouvanté, sans cesse obsédé par la vision d'un œil ouvert sur lui et qui le regarde fixement. En vain, pour échapper à ce regard, il traverse les plaines et les montagnes, en vain il se cache, en vain il se fait creuser un abri sous la terre : l'œil est toujours là qui le regarde ! — C'est l'image du remords qui suit partout le coupable et ne lui laisse plus de repos.

Cependant le remords n'est pas encore le seul châtiment de nos fautes, ni la satisfaction intérieure la seule récompense du devoir accompli. Ces sanctions ne suffiraient pas ; car il y a des criminels endurcis, qui à force de faire le mal ne sentent presque plus le remords, et certaines natures grossières n'ont pour ainsi dire point de honte; et au contraire les cœurs très-bien placés sont souvent tourmentés par la délicatesse de leurs scrupules : ils craignent toujours de ne pas faire assez bien, ils se reprochent amèrement les moindres fautes. Il arrive ainsi que les meilleurs n'ont pas toujours des satisfactions intimes proportionnées à leur bonté, et que les plus mauvais ne trouvent pas toujours dans leur conscience toutes les peines qu'ils méritent. C'est pourquoi il y a d'autres châtiments et d'autres récompenses.

En général la bonne conduite est le plus sûr moyen d'avoir une bonne santé, de l'aisance, une vie longue et heureuse ; tandis que les excès ne manquent guère de ruiner le tempérament, de conduire à la misère et d'abréger la vie. Pourtant, il y a des personnes excellentes qui se portent mal, restent pauvres et meurent jeunes ; pendant que d'autres, qui valent beaucoup moins, mais qui sont nées avec une meilleure constitution physique ou avec plus d'habileté, sont plus heureuses qu'elles ne mériteraient de l'être.

Mais la société intervient avec d'autres sanctions qui sont de deux genres, les unes surtout morales, les autres positives : les premières sont l'estime ou le mépris publics avec leurs conséquences; les secondes sont les honneurs que décerne, ou les pénalités qu'inflige le pouvoir au nom des lois.

L'estime publique et le mépris public.

C'est un fait certain, qu'un homme honnête, qui fait toujours son devoir obtient bientôt l'estime et l'affection de tous ceux qui le connaissent. Celui-là n'a point d'ennemis, ou s'il en a, il est plus fort qu'eux. Tout le monde lui veut du bien, parce qu'il ne nuit à personne et ne fait que du bien à tout le monde. Comme il ne refuse jamais un service, chacun se fait un plaisir de l'obliger. Si c'est un ouvrier, le travail ne lui manque jamais. Si c'est un commerçant, sa bonne réputation lui attire et lui conserve la clientèle. Dans toutes les professions, c'est un avantage incomparable, d'être honoré de tous et de se faire aimer.

Au contraire, un mauvais renom et le juste mépris des autres sont choses lourdes à porter. A quoi peut-on réussir quand on n'inspire que de la défiance? Quelle humiliation pour un homme, de sentir qu'on n'a pour lui ni affection ni respect! Celui qui s'est mis dans ce triste cas a beau faire l'insolent : on peut le craindre, mais on le méprise toujours. Il est suspect même dans le bien qu'il fait. On ne croit plus en lui, on se détourne de lui. Il aura peut-être des flatteurs s'il est riche ou puissant, mais des amis, il n'en aura pas, parce qu'on ne donne son amitié qu'à ceux qu'on estime.

Malheureusement l'opinion publique n'est pas infaillible. On ne la trompe, il est vrai, ni bien souvent, ni bien longtemps ; mais enfin il peut arriver qu'elle s'égare. D'abord elle ne juge que les actions qui se voient, et ne peut pas pénétrer au fond des consciences. Elle aime ce qui brille ; elle se laisse prendre aux apparences, sauf à être ensuite sans pitié pour les hypocrites, quand elle les démasque. Et puis le public a ses passions et ses préjugés ; ce n'est jamais un juge tout à fait impartial ni tout à fait délicat en fait de moralité. Il condamne faute de le comprendre, tout ce qui choque ses coutumes ; il a fait boire la ciguë à Socrate et crucifié Jésus. Il y a donc des cas où il faut savoir résister à notre entourage, braver comme injuste et mauvaise une opinion reçue. S'il est souvent bon de prendre les autres pour juges de ce qu'on doit faire et penser, c'est à condition qu'ils soient meilleurs et plus éclairés que nous ; mais avoir toujours peur de ce que dira le premier venu, qui souvent ne nous vaut pas, cela n'est ni fier ni brave : cela s'appelle le respect humain. Au lieu de subir toute opinion courante, bonne ou mauvaise, chacun doit tâcher de la changer en mieux, quand elle n'est pas bonne, et pour cela donner courageusement l'exemple. Autrement il n'y aurait jamais de progrès.

Ainsi l'opinion d'autrui n'est pas un juge sans appel ; elle varie d'un pays à l'autre et d'un temps à l'autre ; elle approuve dans une tribu sauvage, dans une compagnie de voleurs, dans une époque corrompue, ce qu'elle blâme et punit dans la bonne société d'un pays civilisé. Il faut donc tantôt la suivre, tantôt la dédaigner, selon ce qu'elle vaut ; et par malheur, les honnêtes gens en tiennent souvent trop de compte même quand elle est mauvaise, tandis que les méchants sont toujours disposés à la braver quand elle est bonne.

Peines et récompenses positives.

Il est moins facile de faire fi des peines positives infligées par les tribunaux à ceux qui troublent trop gravement la société. La police est si bien faite aujourd'hui, et les magistrats dans leurs enquêtes ont tant de moyens de savoir la vérité, qu'on n'échappe pas aisément à la justice. Depuis l'amende et la prison jusqu'au bagne et à l'échafaud, la société a bien des moyens de réprimer les malfaiteurs. Elle sait aussi récompenser ceux qui la servent bien. Le gouvernement accorde des distinctions et des dignités à ceux qui honorent particulièrement le pays ; il donne des pensions, des médailles et même la croix d'honneur aux soldats qui se distinguent sur les champs de bataille.

Seulement, ces récompenses sont nécessairement très-rares : il n'y en a pas pour tout le monde, il n'y en a pas pour la vertu modeste et cachée, qui est quelquefois la plus méritoire : elles sont réservées pour les actions d'éclat utiles à toute la République, et encore on peut les mériter sans les obtenir. Le bon citoyen sait cela et n'en fait pas moins son devoir pour le seul plaisir de le faire. Il aime mieux mériter la récompense sans l'avoir, que l'avoir sans la mériter.

Les punitions qu'inflige la société ne sont pas non plus suffisantes pour que la justice morale soit entièrement satisfaite. Elles n'atteignent pas les intentions secrètes, ni les fautes ignorées, ni même toutes les fautes connues. Il y a des fautes très-graves, qu'on a grand tort de commettre, et que pourtant les tribunaux ne punissent pas ; car ils sont institués uniquement pour sauvegarder l'ordre public, non pour imposer toutes les vertus, ni pour faire régner la perfection.

Sanctions suprêmes : Dieu et la vie future.

En résumé, quoique les coupables soient presque certains d'être malheureux de toutes les manières et d'avoir dès cette vie le sort qu'ils méritent ; et quoique les honnêtes gens ne puissent guère manquer d'être heureux, il faut reconnaître qu'on peut encore désirer une plus juste répartition des biens et des maux. Il est bon que la vertu ne soit pas toujours immédiatement et visiblement récompensée, le vice puni, parce qu'alors on n'aurait plus aucun mérite à être honnête homme : tout le monde le serait par calcul. Mais notre raison demande pourtant une répartition des biens et des maux plus parfaite qu'elle n'est en ce monde, plus exactement proportionnée à la valeur morale des individus.

Beaucoup de personnes, et les meilleures, seraient sans doute disposées à se contenter pour elles-mêmes du témoignage de leur conscience, et de la satisfaction de laisser à leurs enfants un nom honoré et de bons exemples ; mais si cela suffit à une âme généreuse, cela ne suffit pas pour la justice absolue qui est le plus noble de nos besoins. La justice veut que le désintéressement même ait sa récompense, que chacun soit, en fin de compte, d'autant plus heureux qu'il se sera moins soucié de l'être.

C'est pourquoi les hommes, presque de tout temps et dans tout pays, ont été amenés à concevoir après cette vie une autre vie, dans laquelle la justice s'accomplirait, et l'équilibre serait établi tôt ou tard, d'une manière ou d'une autre, entre le bonheur et la vertu.

Cette conception est inséparable de celle d'un Dieu juste, sachant tout, connaissant non-seulement tout ce qu'on fait mais jusqu'aux plus secrètes volontés, assez bon pour donner encore aux coupables le temps d'expier leurs fautes et de se relever; mais assurant en somme à tous, par sa toute puissance, la destinée qu'ils mériteront.

Quoi qu'il en soit, le devoir est clair et parle haut; et un homme de cœur l'accomplit sans compter. Encore une fois, faisons pour le mieux en ce qui dépend de nous, et soyons tranquilles sur le reste.

Vigilance morale : examen de conscience.

Pour nous affermir dans le bien, pour nous habituer de plus en plus à mettre la raison au-dessus de la passion, il faut n'être pas un seul instant sans veiller sur nous-même. Pesons bien nos résolutions et sachons que nos moindres actions peuvent avoir de grandes conséquences. « Quand un acte est fait, disait le sage Épictète, on ne peut pas le reprendre. » Et, sachant combien il y a peu de distance d'une mauvaise pensée à une mauvaise action, il disait encore : « A toutes tes pensées demande soigneusement le mot du guet, et tu ne seras pas surpris. »

Le grand savant américain, Franklin, avait fait la liste de toutes les vertus qu'un parfait honnête homme devrait avoir ; et tous les jours il se donnait pour tâche de s'exercer à celles qui lui manquaient ; tous les soirs il se demandait par un sévère examen de conscience quels progrès il avait faits, quelles chutes il avait encore à se reprocher. Aussi devint-il un des plus grands hommes de bien dont l'histoire moderne fasse mention. Sa longue vie de quatre-vingt-quatre ans fut des plus belles et des plus utilement remplies. Fils d'un pauvre fabricant de savon, et d'abord simple ouvrier imprimeur, il fit tout seul son éducation jusqu'à devenir un des grands savants de son siècle, et sa fortune jusqu'à être parmi les plus riches de son pays. Il occupa toutes sortes de hautes fonctions, fut ambassadeur d'Amérique, en France, écrivit des livres excellents, fonda un grand nombre d'institutions utiles. Il avait rendu de tels services à sa patrie, que quand il mourut toute l'Amérique porta son deuil un mois. Et l'assemblée française ordonna aussi trois jours de deuil pour rendre hommage à ses vertus, connues et admirées du monde entier.

MORALE PRATIQUE

Il faut maintenant appliquer à la vie pratique les règles posées précédemment. Sachant quel est en général le devoir, voyons les devoirs particuliers qui en découlent selon les circonstances.

Les plus nombreux de beaucoup sont ceux que nous avons envers autrui, et c'est par ceux-là que nous commencerons. Ils constituent la MORALE SOCIALE, qui régit les diverses relations des hommes entre eux, dans la *famille*, dans la *patrie*, dans l'*humanité* tout entière.

Mais quand même un homme serait seul au monde, quand un de nous pourrait par impossible vivre dans l'isolement absolu, sans rapports avec personne, celui-là n'échapperait pas pour cela à la morale : il aurait encore des devoirs. Ces devoirs de l'individu envers *soi-même* forment la MORALE INDIVIDUELLE. Nous y rattacherons les obligations peu nombreuses, mais importantes que la raison nous impose à l'égard des *animaux*. Et nous terminerons en disant ce que la morale exige ou commande en fait de *croyances religieuses*.

MORALE SOCIALE

Tout homme a besoin de ses semblables et cherche naturellement leur compagnie. Nous ne pourrions pas vivre dans l'isolement absolu : qu'on se demande ce que deviendrait le petit enfant si on l'abandonnait aussitôt né ; et ce que seraient devenus les premiers hommes, si, au lieu de s'unir pour se défendre contre les bêtes féroces, ils avaient erré séparément dans les forêts, alors pleines d'animaux gigantesques.

Et quand même la vie isolée serait possible, elle nous serait insupportable. Nos meilleurs plaisirs sont ceux que nous partageons avec quelqu'un. Tristes ou gais, nous aimons à faire part de ce que nous éprouvons. Rien n'est doux comme d'avoir de l'affection pour les autres et d'être payé de retour. Cette bienveillance réciproque s'appelle la *sympathie*. On ne l'éprouve pas pour tout le monde indistinctement quand on a le choix ; mais on a besoin de l'éprouver pour quelqu'un. Quand Robinson dans son île déserte recueille le pauvre Vendredi, comme il s'attache à cet homme, auquel il n'aurait pas même pris garde s'il l'avait rencontré dans une ville d'Europe! — La sympathie est donc avec le besoin, le fondement de la vie sociale.

Une *société* est un groupe de personnes vivant ensemble dans des relations habituelles, unies entre elles par la communauté des intérêts et par la sympathie.

Il y a bien des espèces de sociétés, et on peut en former de toutes sortes, soit pour le bien, soit pour le mal. Mais il n'y en a que trois qui soient entièrement naturelles. Ce sont : la *famille*, la *patrie* et la grande société générale, l'*humanité*. Celles qu'on peut fonder en plus ne sont légitimes, qu'à condition qu'on n'y oublie jamais ce qu'on doit à ces trois-là.

LA FAMILLE

Le Mariage.

La famille commence dès qu'un homme et une femme s'unissent selon les lois de leur pays, c'est-à-dire s'engagent solennellement, devant un magistrat qui représente la société, à partager ensemble tous les devoirs, toutes les chances bonnes et mauvaises de la vie. — Le mariage civil, nécessaire pour rendre les unions valables et définitives devant la loi, a été établi en France par la révolution de 1789 ; il existe également chez presque tous les peuples civilisés. Une cérémonie religieuse, seule nécessaire en France avant la Révolution, suit ordinairement le mariage civil. Elle a pour but de donner aux engagements qu'on prend un caractère encore plus imposant et plus sacré. On ne saurait, dans une telle circonstance, reconnaître trop publiquement ni sentir trop profondément la gravité des promesses qu'on fait.

C'est un devoir pour tout le monde de se marier ; mais à différentes conditions. D'abord la loi exige un âge déterminé, dix-huit ans au moins pour les garçons, quinze ans pour les filles ; et il est bien rare qu'on puisse raisonnablement se marier si jeune. Comme il faut d'ailleurs que les garçons aient satisfait à la loi militaire, cela les retarde presque nécessairement de plusieurs années. Mais quand on est en âge de se marier, bien portant, et dans une position qui permet de fonder une famille, la morale commande de le faire, d'accord en cela avec les besoins du cœur et l'intérêt bien entendu. Il ne reste plus alors que deux conditions, c'est d'éprouver de l'affection et de l'estime pour la personne à laquelle on va s'unir, car sans cela il n'y a point de bonheur possible ; puis c'est d'avoir le consentement de ses parents, car il vaut toujours mieux l'obtenir, même à l'âge où la loi permet de s'en passer.

Une promesse de mariage est sacrée : il ne faut la faire que quand on est décidé à la tenir. Tromper quelqu'un en ces matières est une criante injustice ; abuser de la confiance et de la crédulité d'une personne faible est une lâcheté.

Devoirs des époux.

Les époux s'engagent, en s'unissant, à rester toute la vie fidèles et dévoués l'un à l'autre, à se prêter secours dans le danger ou dans la maladie, assistance dans le besoin. — Il est certains pays où la femme n'est pas sur le pied d'égalité avec l'homme, où elle est traitée plutôt comme sa servante que comme sa compagne : la morale n'admet pas cette inégalité. L'homme et la femme sont des personnes au même titre et ont des droits égaux. Le mariage ne serait pas une institution juste et bienfaisante, mais un retour à la sauvagerie, s'il autorisait une personne à faire d'une autre son instrument et sa chose.

Comme l'homme est le plus fort, il doit prendre la plus lourde part des devoirs et des travaux communs. Il est le chef naturel de la famille ; il la défend et la protège ; il la représente au dehors, et pourvoit à sa subsistance. Cela lui donne droit à la reconnaissance et à la soumission de la femme, et celle-ci ne peut guère manquer de lui reconnaître de bonne grâce une autorité dont elle profite la première. Mais un homme qui affiche ses droits sans commencer par accomplir tous ses devoirs, un homme qui, au lieu de faire aimer son autorité comme bonne, veut l'imposer par la force, est un tyran insupportable et fait de sa maison un enfer. La brutalité, toujours laide et repoussante, est particulièrement odieuse dans le ménage, qui est par sa nature une société de paix et d'amour.

Seulement il faut que la femme, de son côté, comprenne son rôle et remplisse ses devoirs. Elle est l'égale de l'homme, mais elle n'a ni les mêmes facultés que lui ni les mêmes fonctions dans la famille. Sa place est au foyer, où elle veille et travaille pour lui pendant qu'il travaille pour elle au dehors. Les soins du ménage, l'éducation des enfants, voilà sa tâche. Le respect du nom qu'elle porte, l'obéissance volontaire à une raison plus mûre que la sienne, l'humeur égale et douce, la bonté, l'ordre, voilà ses vertus. Il lui appartient pour moitié de faire l'honneur et la prospérité de la maison; car il n'est pas de fortune si grande que la femme ne change en misère par son luxe et son manque de soin ; pas de si modeste aisance qui ne puisse suffire au bonheur et même devenir la richesse, par son esprit d'ordre et d'économie. Dans toutes les situations, la femme doit faire en sorte que le mari rentre toujours chez lui avec plaisir, sûr d'y trouver au moins repos, affection et gracieux accueil. Avec cela la pauvreté même a ses joies ; tandis que l'opulence même n'en a point sans cela.

En règle générale et, sauf de rares exceptions, chaque époux peut s'attendre à la réciprocité : les bons maris font presque toujours les bonnes femmes et les bonnes femmes les bons maris. Au contraire, la paresse, l'inconduite, l'ivrognerie de l'homme, manquent rarement de faire entrer la dispute, la honte et la misère dans la maison. Ce n'est pas que la femme ait le droit de manquer à ses devoirs sous prétexte que l'homme manquerait aux siens. On a toujours tort de se venger des fautes d'autrui en faisant des fautes soi-même, et une honnête femme qui a un mauvais mari, doit au contraire redoubler de sagesse et de courage pour cacher et réparer le mal qu'il fait. Mais cette résignation sublime est très-rare ; et en général le premier châtiment de l'époux qui donne le mauvais exemple, c'est que son exemple est suivi. Chacun récolte ce qu'il sème.

Devoirs des parents envers les enfants.

La naissance des enfants complète la famille et multiplie les devoirs. Les parents en ont de nombreux et de très-graves, que la nature heureusement leur rend faciles par les affections qu'elle leur met dans le cœur.

Il n'y a pas au monde de sentiments plus profonds, que l'amour paternel et maternel. Mais l'amour peut s'égarer : il a besoin d'être réglé par la raison. Un devoir des parents sera précisément de savoir résister à leur tendresse. Il y a des sévérités qu'ils doivent avoir, quoiqu'il leur en coûte, et des faiblesses de cœur qui de leur part seraient très-coupables. L'indulgence est toujours bonne surtout à l'égard des enfants, mais à condition de ne pas aller jusqu'à les *gâter*, selon une expression excellente, dont on a tort de ne plus voir toute la force.

Nourrir, vêtir, loger et soigner les enfants, ne pas les maltraiter, leur donner l'instruction nécessaire, voilà les premiers devoirs des parents. S'ils y manquent la loi intervient. Elle les empêche aussi, quand il le faut, d'imposer aux enfants des travaux malsains ou au-dessus de leurs forces. Car la société protège, au besoin contre les parents eux-mêmes, les droits de l'enfant, et par là défend ses propres droits Elle a intérêt, en effet, à avoir des citoyens sains, vigoureux et instruits.

Autrefois on n'obligeait pas les parents à faire instruire leurs enfants ; on s'en fiait pour cela à leur cœur. Il est certain, en effet, que la grande majorité des pères et mères sont prêts à tous les sacrifices pour procurer à leurs enfants tout ce qui pourra leur servir dans la vie. Ils mettent même leur orgueil à les voir plus instruits qu'ils ne sont eux-mêmes, sachant bien que rien n'est plus agréable et plus utile. Néanmoins, il y avait des exceptions. Sans parler de quelques pères dénaturés, qui ne pensent qu'à eux-mêmes, certains parents étaient trop ignorants pour même comprendre les bienfaits de l'instruction, d'autres trop pauvres pour envoyer leurs enfants à l'école. Alors l'État, qui ne peut pas laisser grandir dans l'ignorance ceux qui seront un jour électeurs et citoyens, a multiplié les écoles, afin qu'il y en eût dans toutes les communes, les a rendues gratuites, afin que tout le monde pût en profiter, et n'a plus permis qu'un mauvais père pût impunément priver son enfant d'y aller.

Celui qui veut instruire ses enfants lui-même et qui en est capable, en a le droit ; mais l'école a l'avantage d'habituer les enfants à respecter la discipline, à travailler et à jouer ensemble, à se piquer d'émulation sans jalousie, à se tolérer mutuellement, à s'aimer. C'est le premier apprentissage de la vie sociale. Rien ne prépare mieux à être un bon citoyen que d'être un bon écolier et un bon camarade.

Les parents doivent regarder l'instituteur comme un ami qui rend à leurs enfants le plus grand de tous les services.

Mais le maître forme surtout leur esprit, c'est aux parents eux-mêmes qu'il appartient principalement de former leur cœur et leur caractère. Dès le berceau ils voient percer les tendances naturelles de l'enfant ; ils doivent encourager les bonnes, réprimer les mauvaises. Il n'est jamais trop tôt pour agir sur ses sentiments et sur ses croyances morales par la parole et par l'exemple. Il remarque tout, comprend tout, profite de ce qu'il voit et entend, bien avant qu'on l'en croie capable. Il imite le bien et le mal avec une facilité prodigieuse. Ce qu'on lui dit n'est rien en comparaison de ce qu'on fait : les meilleurs conseils du monde ne détruisent pas l'effet d'une mauvaise action faite devant lui, d'un mauvais sentiment éveillé dans son cœur. De là le danger des compagnies malsaines et du vagabondage. Heureux l'enfant qu'on en préserve. Heureux aussi celui à qui on épargne toute conversation basse et tout spectacle honteux. « L'enfance est sacrée, dit un poète latin ; et on lui doit le plus profond respect. »

La meilleure éducation est celle qui développe le plus chez l'enfant le sentiment de sa responsabilité. C'est quelque chose, assurément de l'empêcher avant tout de mal faire, d'écarter de lui les tentations, de sauvegarder son innocence. Mais qu'on le sache bien, son éducation n'est faite que du jour où il sait se conduire et se garder lui-même, évitant le mal non par ignorance ou par peur, mais par raison et par dignité. La surveillance sévère des parents ne peut être qu'un moyen de l'habituer à la règle : le but est de l'amener à la suivre de lui-même et à l'aimer. C'est pourquoi la sévérité paternelle ne doit jamais être dure ni tracassière ; elle doit inspirer à se rendre inutile, et se détendre peu à peu à mesure que l'enfant mérite confiance.

Quand on a fait de ses fils de vrais hommes et de ses filles des personnes estimées de tout le monde, quand on a établi tous ses enfants selon ses moyens, on a fait pour eux tout ce qu'on devait : on peut mourir aussi content que si on leur laissait une fortune ; car une bonne éducation et un nom honoré, c'est en effet une vraie fortune qu'on leur laisse.

Devoirs des enfants envers les parents.

Tels sont les devoirs des père et mère. Quant à leurs droits ce sera les dire que d'énumérer à présent les obligations des enfants. La première est le respect de l'autorité paternelle et maternelle. Comment les parents pourraient-ils élever, instruire, établir l'enfant comme ils le doivent, s'ils n'obtenaient pas avant tout son obéissance? Qu'est-il et que sait-il pour avoir une volonté à lui? Ce n'est pas seulement une faute très-grave, c'est une pure sottise de sa part, s'il veut faire à sa tête. On en voit qui font les importants et qui prétendent se conduire tout seuls; mais ils ne réussissent qu'à se rendre ridicules et insupportables.

Quelle prétention absurde, en effet, quand on a le bonheur d'avoir ses parents, de ne vouloir écouter ni leur expérience, ni leur tendresse! Est-ce qu'ils ont un autre intérêt que le nôtre? Est-ce que nous ne sommes pas ce qu'ils aiment le mieux au monde? Tout ce qu'ils nous demandent ou nous commandent, c'est pour notre bien, non pour le leur. Et notre bien, ils le comprennent cent fois mieux que nous-mêmes. Ils connaissent la vie et nous ne la connaissons pas; ils prévoient l'avenir auquel l'enfant ne songe pas; ils voient clair pour nous à la fois avec leur raison et avec leur cœur. Ce sont des amis incomparables et des guides sûrs, qu'on gémit de ne plus avoir quand la mort nous les a pris. Quelle folie n'est-ce donc pas de les affliger quand on les a, au lieu de leur obéir avec amour!

Quelques-uns ont le sot orgueil de croire qu'ils s'abaisseraient en obéissant. Oui, il est humiliant d'obéir par lâcheté à ceux qui commandent sans droit, insolemment; mais obéir à des parents à qui l'on doit tout, obéir à des maîtres que nos parents nous donnent pour guides et qui se dévouent pour nous, obéir à toute autorité légitime, à tout conseil raisonnable et juste, cela, loin de nous abaisser, nous élève. L'enfant obéissant profite de l'expérience des grandes personnes; il évite donc par là une multitude de fautes et de dangers : il ne peut manquer d'être heureux. Celui qui désobéit, au contraire, a toujours à s'en repentir. Le savoir des autres ne lui sert à rien puisqu'il ne veut rien écouter; il tombe dans toutes sortes de piéges et n'acquiert l'expérience qu'à ses dépens. Elle lui vient quand il n'est plus temps. Il déplore trop tard son étourderie et sa mutinerie, et il peut s'attendre, pour son châtiment, à voir ses enfants lui désobéir comme il a desobéi.

Avec les années l'enfant devient capable de se conduire seul ; mais même quand il est majeur [1] et qu'il a cessé de devoir à ses parents l'obéissance il ne cesse jamais de leur devoir respect, reconnaissance et affection. D'ailleurs à mesure qu'on grandit on comprend mieux ce qu'on leur doit. On ne le comprend jamais si bien que quand on a des enfants à son tour. C'est alors qu'on sent ce qu'est l'amour d'un père ou d'une mère, et combien il est impossible, quoi qu'on fasse, de leur rendre tout ce qu'ils ont fait pour nous. Nous ne les aimerons jamais autant qu'ils nous ont aimés.

C'est à notre tour de les nourrir, de les soigner, de veiller à ce qu'ils ne manquent de rien. Non-seulement il faut pourvoir à leur entretien quand ils sont vieux et infirmes : il n'y a aucun mérite à cela, et la loi même nous y oblige ; mais aussitôt que nous pouvons leur venir en aide, il faut mettre notre plaisir à travailler pour eux, à leur procurer le repos et l'aisance, à leur faire une vie douce et honorée. Prenons et gardons pour nous toutes les peines. Epargnons-leur autant que possible les soucis : ils en ont eu assez dans leur vie. Ne leur donnons que des joies et souhaitons de

[1] C'est-à-dire quand il est à son tour un homme et un citoyen : l'âge fixé par la loi française est 21 ans.

leur en donner longtemps : Voilà la vraie piété filiale. Rappelons-nous cette belle pensée d'un philosophe grec : « Il n'est point d'idole plus vénérable aux yeux de la divinité, qu'un père, une mère, un aïeul courbés sous le poids des années. Tout homme sensé aime et honore ses parents, et c'est véritablement un trésor pour les gens de bien que des ancêtres chargés d'années, qui vivent jusqu'à l'extrême vieillesse. » L'histoire est pleine de traits admirables inspirés par l'amour filial. Un des plus beaux est celui du jeune Casabianca, enfant de dix ans, qui voulut mourir avec son père. Ce père commandait le vaisseau *l'Orient* à la bataille d'Aboukir. Une balle le frappe à mort ; son fils se jette sur lui, le couvre de son corps et refuse de le quitter. En vain le vaisseau criblé de boulets va sombrer, en vain l'équipage se jette à la mer et veut tâcher de sauver l'enfant. Lui s'attache en désespéré au vêtement de son père mourant pour s'engloutir et périr avec lui.

Ce n'est pas seulement les vieillards de sa propre famille qu'un enfant bien né entoure d'égards. Toute personne âgée doit être l'objet de notre vénération. Un vieillard a mille choses à nous apprendre : il a tant vu dans sa longue vie ! Ecoutons-le avec respect ; offrons-lui nos services, fermons les yeux sur ses défauts, s'il en a. Est-ce qu'un enfant, a le droit de juger? On s'honore toujours soi-même en saluant des cheveux blancs. A Sparte, autrefois, la loi obligeait tous les jeunes gens à se lever quand un vieillard entrait dans une assemblée. Chez nous la loi ne l'ordonne pas, mais les convenances le commandent et un jeune homme bien élevé n'y manque point.

Devoirs des frères et sœurs.

D'ordinaire il y a plusieurs enfants dans une famille, et cela est un bien pour tous, car, on l'a remarqué souvent, plus les enfants sont nombreux, mieux ils sont élevés. « Dieu bénit les nombreuses familles, » dit un proverbe. C'est qu'en effet, quand la famille est nombreuse, les parents sentent mieux leur responsabilité et risquent moins d'oublier leurs devoirs; la discipline, plus nécessaire, est plus ferme; les enfants prennent plus vite l'habitude de l'ordre et le sentiment de l'égalité.

Les frères et sœurs, grandissent ensemble, et sous la même règle, ayant les mêmes devoirs et les mêmes droits, objet de la même affection: ils font entre eux l'apprentissage de la vie. Se regarder comme égaux sous l'autorité paternelle, non-seulement se tolérer et se traiter avec justice, mais se défendre et se protéger mutuellement, se consoler dans le chagrin, s'aimer, se venir en aide, voilà ce qu'ils doivent. Or c'est précisément ce que se doivent aussi les uns aux autres tous les citoyens d'un même pays, mieux encore, tous les membres de la grande famille humaine. Aussi dit-on que la *fraternité* doit régner entre tous les membres d'une même patrie, puis à la fin, entre tous les hommes, quand ils seront sages.

Cette heureuse sagesse ne coûte presque pas entre frères et sœurs. L'affection naturelle, resserrée par l'habitude et par la bonne éducation, rend facile et doux l'accomplissement de tous ces devoirs. Quel est l'enfant qui ne rougirait pas de se montrer jaloux, égoïste, brutal avec un frère; de le trahir, de le frapper, de le laisser maltraiter par d'autres sans le défendre ? Le seul fait de porter le même nom, d'avoir sucé le même lait et joué ensemble, d'avoir les mêmes affections et les mêmes souvenirs, peines et joies, ne s'oppose-t-il pas à ce qu'on devienne jamais indifférent l'un à l'autre? Quel ami aura-t-on sur qui on puisse compter, si ce n'est un frère aîné? pourquoi sera-t-on brave et dévoué si on ne l'est pas pour un frère plus faible, pour une sœur?

Mais ce n'est pas assez d'avoir de bons sentiments dans le cœur et d'être prêt à faire son devoir dans l'occasion ; c'est tous les jours, dans tous les détails de la vie, qu'il faut témoigner aux nôtres notre affection. Point de disputes pour des riens. Point de ces vivacités, ou de ces violences passagères, qui troublent la douceur des relations et laissent toujours un peu d'amertume. La vie est faite surtout de petites choses ; c'est dans les petites choses qu'il faut se montrer bon, sous peine de ne jamais le paraître. Les petits egards, les petits sacrifices, les prévenances de tous genres entre frères et sœurs, voilà ce qui rend charmante la vie de famille, et ce qui en fait le modèle de la vie sociale.

Si les enfants restent orphelins avant d'être tous établis, les aînés héritent, à l'égard des plus jeunes, des devoirs des parents et par suite de leurs droits. L'intention des parents était certainement de donner à tous la même somme d'affection et de soins : le temps leur a manqué. Les aînés, qui ont joui plus longtemps de ces soins, ont pour ainsi dire reçu plus que leur part ; ils doivent tout faire pour que ceux qui n'ont pas reçu toute la leur aient le moins possible à souffrir de la mort prématurée des parents. Perdre un père et une mère avant d'être en état de se suffire et de se conduire est le plus grand des malheurs. Comment un bon frère, en âge de travailler, pourrait-il ne pas se dévouer avec joie pour adoucir une pareille perte à ceux dont il reste l'unique soutien ?

Ce dévouement n'est pas rare ; tout le monde a pu connaître et admirer de ces êtres excellents qui, à peine sortis de l'enfance, se trouvent être chefs de famille, et qui accomplissent simplement, sans se plaindre, en souriant même, les plus sévères devoirs. Tel jeune homme avec ses deux bras pour toute fortune, telle jeune fille avec son aiguille trouvent moyen de nourrir et de faire instruire plusieurs frères et sœurs, tout en soignant parfois un grand-père aveugle, une grand'mère infirme. Et ils ont le cœur joyeux parce qu'ils ont la conscience contente ; et l'amitié de tous les honnêtes gens leur est acquise.

Il est clair qu'en pareil cas, les plus jeunes enfants doivent respect et obéissance au frère, à la sœur qui leur tiennent ainsi lieu de père ou de mère. Ils n'y pourraient manquer sans manquer de cœur et même d'intelligence : il est trop juste que ceux qui ont la responsabilité et la peine aient aussi l'autorité.

LA PATRIE

Celui qui aurait pris, comme fils l'habitude de l'obéissance volontaire et du respect de l'autorité, comme frère l'habitude de l'égalité et du dévouement affectueux, comme père le sentiment de sa responsabilité, celui-là ne pourrait manquer d'être un citoyen excellent. Qu'est-ce qu'un citoyen ? C'est tout membre de la cité ou de la patrie, qui accomplit comme tel tous ses devoirs et jouit de tous ses droits.

Une cité ou patrie est un groupe de familles, associées pour se défendre mutuellement, pour vivre ensemble dans l'ordre et dans la paix sous la protection des mêmes lois.

La cité est encore dans certains pays, comme elle était le plus souvent chez les anciens, bornée à un petit territoire, ou même enfermée dans les murs d'une seule ville ; mais chez nous elle comprend la France entière, avec tous ses départements et toutes ses communes, toutes ses villes et toutes ses campagnes. C'est ce qui fait une grande nation.

Le mot patrie veut dire la terre de nos pères. Ce qui nous fait membres d'une même patrie, c'est d'abord, en effet, d'habiter entre les mêmes frontières, dans un pays depuis longtemps occupé et cultivé par nos ancêtres. Parler la même langue, avoir le même passé historique et les mêmes intérêts, avoir à peu près les mêmes croyances et les mêmes mœurs, obéir au même gouvernement, être soumis aux mêmes lois, tout cela fait l'unité de la patrie.

Ces conditions ne sont pas toujours toutes réunies : on peut, par exemple, parler allemand ou basque, avoir des habitudes et des religions différentes, et être pourtant d'excellents Français. Mais ce qui est essentiel pour que la patrie soit une et forte, c'est qu'il y ait entre tous ses enfants communauté de sentiments et de volontés. On est de la patrie qu'on aime et dont on veut être. Une conquête violente arrache en vain une province à telle nation pour l'annexer de force à telle autre ; on est de la même patrie tant qu'on palpite aux mêmes souvenirs, glorieux ou tristes, et qu'on a les mêmes espérances. Nulle annexion n'est définitive, tant qu'on n'a pas conquis le cœur des vaincus.

Dès que l'on comprend bien ce que c'est que la patrie, il est impossible de ne pas l'aimer. Sa sécurité est la nôtre, son honneur est son honneur. Pourrait-elle être envahie, ruinée, humiliée, sans danger et sans dommage pour tous? C'est un grand corps dans lequel tout se tient : aucune partie ne peut être blessée sans que la santé des autres ait à en souffrir. Ceux qui n'ont jamais lu ni voyagé, ceux qui ne connaissent ni la géographie ni l'histoire, ont quelquefois de la peine à étendre leur pensée au-delà de leur canton, pour embrasser dans leur affection toute la France : ils semblent croire que ce qui se passe loin d'eux ne les regarde pas. Mais qu'on leur raconte seulement les grandes actions de nos ancêtres, et ils sentiront leur cœur se gonfler tour à tour d'orgueil et de tristesse, selon qu'ils verront les français faire de belles choses ou essuyer des malheurs immérités. Demandez à ceux qui ont vécu loin de leur pays, non seulement par force dans l'exil, mais même volontairement, pour s'instruire ou pour faire fortune : ils vous diront quel plaisir ils sentaient à entendre bien parler de la France, à recevoir une lettre ou un journal du pays, à rencontrer un compatriote. Un homme éclairé et qui a le cœur généreux, sent pour la patrie toute entière un attachement pareil à celui qu'on éprouve pour la maison paternelle ou pour le village natal.

Toute cette immense étendue de plaines, de vallées, de montagnes; toutes ces villes grandes et petites, tous ces hameaux, tout cela est peuplé d'hommes qui sont nos frères, qui ont les mêmes joies que nous et les mêmes peines, attachés comme nous au travail qui les nourrit et à la terre où dorment leurs pères. Ce sont autant d'amis inconnus. Ils travaillent pour nous, et nous pour eux. Tout ce qui leur arrive d'heureux doit nous réjouir, car une part nous en revient.

L'union fait la force, dit le proverbe ; quelle force cela donne au plus petit de nous, d'être membre d'une grande patrie, puissante et respectée, où tous sont unis pour la défense de chacun! Cette grande patrie ne nous demande pas d'oublier pour elle la famille et le village, au contraire. Ce vrai moyen d'apprendre à l'aimer et à la servir, c'est d'aimer d'abord bien ses parents et ses voisins et le coin de terre où l'on a grandi. C'est là la petite patrie. Mais elle ne doit pas nous cacher la grande. Quand le jour vient, il faut savoir tout quitter pour courir où la France a besoin de nous. En la défendant, c'est les nôtres que nous défendons, c'est notre champ et notre foyer. Combattre et au besoin mourir pour elle est notre devoir. Une telle mort est la plus belle de toutes. Avec quel frémissement d'admiration nous rencontrons, dans l'histoire de tous les pays et de tous les temps, le grand exemple de ces hommes qui, joyeusement, sans hésiter, ont fait à leur patrie le sacrifice de leur vie. Les nations leur élèvent des statues et bénissent à tout jamais leur nom ; et celles qui ont le plus de ces hommes-là, sont celles qui tiennent la plus glorieuse place dans le monde. Mais ce n'est pas seulement à la guerre qu'on peut se dévouer pour son pays. Dans tous les actes de la vie civile on peut mettre du patriotisme. Les occasions ne manquent à personne, de faire acte de bon citoyen. Heureuse déjà la nation dont les enfants feraient, dans la vie de chaque jour, tout ce qui dépend d'eux pour le bien public ! Cette nation là serait sûre de ne pas manquer d'hommes dans le danger.

L'État et les citoyens. La souveraineté du peuple.

Voyons donc en détail les devoirs du citoyen.

Ils sont de deux sortes, selon qu'on est simple citoyen, ou qu'on exerce une fonction dans l'État.

En réalité, l'État est tout l'ensemble des personnes associées pour s'assurer mutuellement le libre exercice de leurs droits. Mais comme il faut des chefs pour faire régner l'ordre et maintenir l'unité, une partie des citoyens est chargée de commander aux autres ; et c'est ce qu'on appelle plus particulièrement l'État. L'État est alors l'ensemble des pouvoirs, c'est-à-dire des citoyens qui exercent l'autorité publique, par opposition à ceux qui obéissent.

Il y a des pays où ces deux espèces de citoyens sont complétement distinctes, comme elles l'étaient autrefois en France : toute l'autorité est aux mains d'un monarque absolu ou de quelques hommes, de quelques familles toujours mêmes ; et tout le reste du peuple n'a qu'à obéir. Mais toutes les nations civilisées ont dû abandonner ou corriger plus ou moins ce régime *despotique et aristocratique*. Il peut bien avoir son utilité à l'origine, pour forcer les citoyens à l'obéissance tant qu'ils ne sont pas assez raisonnables pour respecter l'ordre, ni assez éclairés pour comprendre l'intérêt général. Il est certain aussi que ce serait un grand bien pour un peuple d'être conduit par des citoyens dignes de toute confiance, plus expérimentés, plus instruits et plus vertueux que les autres. Mais le plus sûr moyen pour avoir de tels chefs est encore de les choisir soi-même. Quand on se transmet le pouvoir de père en fils sans avoir à le mériter, quand on peut tout faire à son gré sans rendre de comptes à personne, il est rare qu'on n'en abuse pas. Du moment où l'aristocratie de naissance, au lieu de continuer à se dévouer au bien de tous, ne gouverne plus que pour son intérêt ou son plaisir, son autorité devient injuste et cesse d'être supportée. Le peuple dont on viole les droits se réveille, et demande à voir clair dans ses affaires. Il jure de ne plus obéir qu'à des lois acceptées par lui, de ne payer que des impôts consentis. Reprenant sa liberté, il nomme des représentants qui gouvernent pour lui et non pour eux.

La République.

A certains moments de notre histoire les Représentants du peuple se bornaient (comme cela se voit encore dans les *monarchies*) à contrôler de leur mieux le pouvoir d'un souverain, à faire respecter tant bien que mal les droits de la nation. Il n'en est plus ainsi depuis que la France est une République. La République est la forme de gouvernement la plus parfaite quand un peuple en est digne ; c'est la plus conforme à l'idéal moral.

Une République est un Etat où il n'y a ni maitres ni sujets ; mais rien que des citoyens, c'est-à-dire des hommes libres ayant, tous les mêmes droits et soumis à toutes les mêmes lois. Les plus éclairés et les plus sages commandent, mais non par droits de naissance ou par le bon plaisir d'un prince ; ils sont désignés par la confiance du peuple, qui les nomme librement et seulement pour un temps. Le peuple peut alors obéir sans s'humilier, puisqu'il obéit à ses meilleurs amis et aux plus dignes, et que, leur temps expiré, il ne les maintiendra au pouvoir que s'il est content de leurs services. Aussi est-ce avec la forme républicaine que le désordre est le moins à craindre. Il n'y a que les insensés qui pourraient se révolter contre un pouvoir qui satisfait la majorité de la nation, et qu'un vote paisible suffira à changer du jour où il cesserait de la satisfaire.

Dans un tel état on peut dire que tout le monde a sa part du gouvernement, puisque tout le monde contribue à choisir ceux qui gouvernent et que tous les pouvoirs dérivent de la souveraineté du peuple. Mais pour cela même, le peuple est tenu d'avoir de la raison et du patriotisme, sinon tout le monde, au moins le plus grand nombre. Si la majorité était livrée aux passions violentes, l'injustice et le désordre entreraient aussitôt dans la République, et elle serait perdue. Ou l'étranger enhardi par sa faiblesse, (car la division intérieure a toujours pour résultat la faiblesse) viendrait l'envahir et la morceler; ou bien un souverain appelé par la peur remettrait l'ordre en supprimant la liberté. C'est ce qui a fait dire à un grand écrivain, que la Républipue est le gouvernement de la vertu : elle n'est en effet possible que chez une population en majorité honnête, c'est-à-dire amie de l'ordre et des lois :

Mais dès qu'un peuple commence à être digne de la République et sait la garder, ce régime, qui assure mieux que tout autre le règne du droit et l'égalité des personnes, est le meilleur sans comparaison et le plus enviable moralement. Il habitue tous les citoyens à s'intéresser aux affaires publiques, à penser à la patrie. Dans un pays où tout le monde est électeur, et peut être élu s'il le mérite, est-ce que les hommes ne sont pas plus complètement hommes, ne font pas plus acte de personnes raisonnables et libres, que là où quelques-uns commandent bien ou mal, sans dire pourquoi, et où tous les autres se laissent mener comme un troupeau sans savoir seulement où on les mène?

La liberté améliore ceux qui la pratiquent. Comme ont fortifie son corps par l'exercice, et comme on apprend à nager en nageant, ainsi, on devient plus intelligent en prenant l'habitude de réfléchir, plus sage en se sentant plus responsable, moins égoïste en s'accoutumant à faire quelque chose pour l'intérêt public. L'avenir est aux peuples libres.

Devoirs du simple citoyen.

Considérons d'abord le simple citoyen. En temps ordinaire il doit respecter les lois, payer l'impôt, fournir le service militaire; quand viennent les élections, il doit voter.

I. — *Obéissance aux lois ; respect de la Constitution.*

Respecter les lois de notre pays, obéir à ceux qui sont chargés de les faire exécuter, voilà le premier et le plus rigoureux de nos devoirs comme citoyens. Bien plus, nous devons au besoin prêter main forte aux représentants de la loi contre ceux qui la violent. Il faut que la loi ait toujours le dernier mot. Quelle société pourrait subsister, si chacun faisait à sa guise? Nous avons tous intérêt à ce que le pouvoir soit fort et obéi, surtout dans une république, où le pouvoir émane de nous-mêmes, ne fait que la volonté du pays, et tôt ou tard rend compte de tous ses actes. La désobéissance aux lois, toujours coupable, est particulièrement déraisonnable là où le peuple a toute liberté pour les changer quand bon lui semble.

En effet, tout en respectant une loi tant qu'elle existe, on a parfaitement le droit de la trouver mauvaise, et de le dire, et d'aspirer à la changer. Il y a deux grandes espèces de lois : celles qui établissent les pouvoirs publics et règlent leurs rapports entre eux et avec le peuple : ce sont les *lois politiques*, qui forment ensemble la *Constitution* ; puis celles qui régissont les rapports des citoyens entre eux ; ce sont les *lois civiles*. Eh bien ! civiles ou politiques, les lois peuvent être défectueuses, et il faut bien qu'on puisse les critiquer, sans quoi il n'y aurait jamais de progrès. Aussi les bons gouvernements (et surtout la République, qui est par excellence un gouvernement de progrès) accordent-ils à tous une grande liberté de discussion. On peut parler, écrire, se réunir, pour discuter à ciel ouvert ce qu'on trouve mauvais, pour proposer ce qu'on juge meilleur. On n'a qu'à ranger assez de gens à son avis, et, grâce au suffrage universel, un jour viendra où le changement demandé se fera tout simplement, sans désordre. Ceux qui d'abord n'en voulaient pas devront à leur tour s'incliner de bonne grâce, sauf à ramener à eux l'opinion, s'ils le peuvent. C'est là le jeu de la liberté. Les partis rivaux ne sont pas un mal pour un pays libre, ils y entretiennent au contraire la vie et l'émulation ; mais c'est à condition que ceux qui ont la majorité, par conséquent le pouvoir, respectent tous les droits des autres, et que la minorité se conforme religieusement à toutes les lois existantes.

Le respect de la Constitution coûte quelquefois beaucoup à ceux qui préféreraient une autre forme de gouvernement ; mais un bon citoyen fait taire ses préférences, et par patriotisme, par esprit de concorde, accepte loyalement la volonté de la majorité. Comploter contre le gouvernement légitime, qui personnifie la nation, c'est un crime contre la patrie. La révolte peut être une triste nécessité, quand, au mépris des lois et des droits, un usurpateur ou un despote ôte violemment au peuple toutes ses libertés; mais elle est le plus impardonnable des crimes dans un pays de libre discussion et de suffrage.

2. — *Paiement de l'impôt.*

L'Etat protége nos biens et nos personnes, il fait régner la paix aux dehors par l'armée, au dedans par les magistrats et la police ; il forme des professeurs et des maîtres d'écoles pour nous instruire ; il entretient et multiplie les routes, les canaux, les ports de mer ; il fait faire et surveille les chemins de fer ; il nous fait communiquer rapidement et sûrement d'un bout à l'autre du pays par les postes et les télégraphes ; il nous rend en un mot d'innombrables services. Mais il est juste, que tout service se paie. Il faut de l'argent, beaucoup d'argent, pour tous ces grands travaux, pour tous ces employés ; et cet argent ne tombe pas du ciel dans le trésor de l'état. Il faut donc que chacun contribue pour sa part aux frais de ces services publics dont tous profitent : de là le devoir de payer *l'impôt*.

Les impôts sont fixés par les députés, qui sont aussi chargés d'en indiquer et d'en contrôler l'emploi. C'est à eux de n'imposer au peuple que les charges nécessaires, et de faire en sorte que chacun paie, autant que possible, selon ses moyens, et aussi selon les avantages que lui assure la société. Mais une fois qu'un impôt a été voté par nos représentants, nous devons le payer sans discuter, et ne pas chercher honteusement à y échapper par le mensonge et par la fraude.

Il y a des gens, honnêtes d'ailleurs dans tout le reste, qui se font un jeu de voler l'Etat : cela leur paraît tout simple et de bonne guerre. Ils se feraient scrupule de retenir un sou de ce qu'ils doivent à un particulier ; mais ils se figurent que l'Etat n'est personne parce qu'il est tout le monde. Ils ne comprennent pas qu'on vole tout le monde en ne versant pas tout ce qu'on doit dans les caisses publiques. Qu'arriverait-il, si ce mauvais exemple était suivi de tous ? l'Etat manquant d'argent pour entretenir les services publics, la société serait bientôt dissoute : il n'y aurait plus de sécurité pour personne, plus d'affaires, plus de vie possible. Mais comme l'Etat ne peut pas souffrir cela, il faut qu'il obtienne bon gré mal gré l'argent dont il a besoin ; et alors les honnêtes gens qui ne trompent pas payent pour ceux qui trompent : cela est-il juste ?

La part de chacun serait bien moins lourde, si chacun payait scrupuleusement sa part. Pour s'y refuser, il faut n'avoir pas compris combien l'état nous demande peu en comparaison des services qu'il nous rend. C'est un manque d'intelligence et d'instruction, au moins autant qu'un manque de conscience. Et qu'on ne dise point qu'on n'a pas besoin de l'Etat : ce serait vouloir revenir à la vie sauvage. Est-ce qu'on peut faire soi-même des routes, des canaux et des télégraphes ? Est-ce qu'on portera ses lettres soi-même, est-ce qu'on se défendra seul contre l'ennemi ?

3. — *Le service militaire.*

Mais l'argent ne suffit pas pour la défense du territoire, il faut des hommes. C'est peu de payer de sa bourse, il faut payer de sa personne. Tout citoyen valide doit le service militaire durant un temps fixé par la loi. La patrie n'en dispense que ceux dont elle a besoin ailleurs et qui la servent mieux autrement.

Certes, ce n'est pas pour son plaisir que l'on quitte parents et amis, ses travaux et ses habitudes, pour aller faire l'exercice dans les casernes et au besoin se battre à la frontière. Mais qui défendra le pays en cas d'attaque, si ce ne sont pas les hommes jeunes et robustes? Et ne faut-il pas qu'ils apprennent à manier les armes, pour être bons à quelque chose le jour où la patrie aura besoin d'eux ? Voudraient-ils attendre, pour se défendre eux et les leurs, que les ennemis arrivent dans leur village, c'est-à-dire, qu'il n'y ait plus rien à faire, qu'à se laisser piller honteusement ou à se faire tuer inutilement ? Tout le monde sait assez qu'on n'est fort qu'à la condition d'être nombreux et bien disciplinés, et de marcher ensemble sous de bons chefs. Voilà pourquoi il y a des armées.

Sans doute il vaudrait mille fois mieux qu'il n'y en eût pas besoin, que toutes les nations fussent assez justes pour ne jamais s'attaquer les unes les autres. Mais en attendant que cet idéal se réalise, c'est bien le moins qu'on se tienne prêt à défendre sa liberté, à faire respecter son honneur. A quoi servirait-il d'avoir une patrie riche et florissante sous un bon gouvernement, si elle était exposée à se voir insultée, envahie et rançonnée d'un jour à l'autre par des voisins moins civilisés ? Grâce à une bonne armée, non-seulement on est tranquille chez soi, mais le plus humble citoyen est respecté partout où il va, par tout où il a des intérêts. Dans le monde entier on sait par exemple que le nom français, que le pavillon français n'est jamais insulté impunément, pas plus que le nom et le pavillon Anglais. Voudrions-nous qu'il en fût autrement, faute d'une marine prête à faire sentir partout notre puissance? Consentirions-nous à être hors d'état de protéger au loin nos compatriotes, notre commerce? Ne serait-ce pas notre ruine aussi bien que notre déshonneur?

Si on y regardait bien, on verrait que, même au point de vue du simple intérêt, le temps qu'on passe sous les drapeaux n'est rien en comparaison des avantages qu'on en retire. N'est-ce pas parce que d'autres y ont été avant nous, que nous avons pu grandir paisibles et heureux jusqu'à l'âge d'hommes? N'est-il pas juste que nous allions les relayer, et veiller à notre tour pour le pays. Le temps passe vite et on ne s'ennuie pas au régiment, parce qu'on y travaille pour les siens ; on sent qu'on leur fait comme un rempart de poitrines à la frontière, derrière lequel ils vivent heureux et travaillent en paix en pensant à nous. Et quand nous revenons d'autres vont prendre notre place, et ainsi de suite. Et c'est grâce à cela que nous pourrons à notre tour élever une famille, cultiver notre champ, faire nos affaires, avoir une vie et une vieillesse tranquilles.

Si telle est la nature du service militaire, s'il a tant d'avantages pour tout le monde, de quel nom faut-il appeler les lâches qui se cachent, se rendent malades, se mutilent eux-mêmes de peur de partir? Ils seraient peut-être les premiers à flétrir les déserteurs qui abandonnent leur régiment, ou les fuyards qui se sauvent devant l'ennemi : comment ne voient-ils pas que leur conduite à eux est encore plus honteuse, s'ils n'ont pas même en temps de paix, le courage d'aller faire leur devoir avec leurs camarades ! La loi a donc raison de les traiter avec la dernière sévérité. Quel contraste fait avec leurs lâcheté, l'héroïsme de ces hommes, qu'on a vus, par exemple, dans la dernière guerre, accourir de l'autre bout du monde pour partager les dangers de la France vaincue et envahie ! Plusieurs d'entre eux étaient à l'étranger depuis de longues années, ou même y étaient nés ; mais ils se sont souvenus de leur patrie en la voyant malheureuse ; ils ont voulu se serrer autour d'elle comme autour d'une mère ; ils sont venus à l'envi lui offrir leur sang.

Tous les jeunes gens comprennent aujourd'hui que c'est un honneur d'aller sous les drapeaux. Il ne s'agit pas, en effet, de les envoyer périr dans des guerres injustes pour le caprice d'un souverain ; ils n'auront à faire que ce qu'auront décidé les représentants du peuple, c'est-

Le vote.

à-dire ce qui sera nécessaire et glorieux pour la nation. On va donc de bon cœur où on est appelé, on obéit gaiement à ses chefs ; puis on revient au pays natal, content d'avoir appris son métier de soldat, et prêt à retourner le faire vaillamment, le jour où la patrie aurait besoin de tous ses enfants.

4. — *Le vote.*

Les citoyens majeurs, qui n'ont subi aucune condamnation infamante et qui jouissent de tous leurs droits, sont appelés, dans certaines conditions déterminées par la loi, à choisir leurs représentants, soit pour la chambre des Députés, soit pour les conseils départementaux et municipaux. Ce jour-là ils participent à la souveraineté.

Voter n'est pas seulement un droit, c'est un devoir : il faut songer aux conséquences, s'éclairer sur les questions du jour et sur les candidats en présence, savoir bien ce qu'on veut, n'écouter que sa conscience et l'intérêt public. On ne doit jamais s'abstenir, sauf dans les cas très-rares où l'abstention a un sens bien clair et un résultat positif. S'abstenir faute d'avoir un avis ou faute d'oser l'exprimer, cela n'est pas digne d'un citoyen. Si les honnêtes gens ne se donnent pas la peine de voir clair dans les affaires publiques et d'en prendre la direction, elles seront donc abandonnées aux intrigants sans scrupules ! Quoi de plus funeste pour le pays ?

Quelque chose pourtant est plus mal encore que de s'abstenir, c'est de voter contre sa conscience, en se laissant intimider par les menaces ou corrompre par les promesses. Certains hommes, absolument indignes du nom de citoyens, sont allés jusqu'à vendre leur suffrage au plus offrant. La loi punit avec une juste rigueur ceux qui font de ces marchés infâmes, aussi bien ceux qui offrent de l'argent que ceux qui en reçoivent.

Mais ces scandales se voyaient surtout à l'orgine, quand une partie du peuple, encore trop ignorante pour comprendre l'importance du droit de vote, n'avait pas assez de fierté pour y tenir. A présent il n'est presque plus de Français qui ne sachent que leur vote engage pour une part l'avenir du pays, et qui n'aient à cœur de se prononcer en hommes libres. Autrement la liberté apparente n'est qu'une duperie. Si la souveraineté populaire est, avec des élections sincères, ce qu'il y a de plus conforme à la dignité humaine ; par la corruption électorale elle se change en esclavage de la pire espèce ; car les citoyens alors n'usent de leur liberté que pour la vendre, et, par convoitise ou par peur, se donnent eux-mêmes des maîtres indignes.

L'intérêt général ne nous commande pas seulement de voter et de voter bien ; il exige parfois que nous soyons candidats quand nos concitoyens ont besoin de nous. Autant il est mesquin ou ridicule de briguer par pure vanité un mandat dont d'autres sont plus dignes que nous, autant il est obligatoire d'accepter, et même permis de rechercher, un mandat à la hauteur duquel nous croyons être. Il n'y a que trop d'ambitieux qui veulent avoir les fonctions publiques pour leur avantage particulier ; n'augmentons pas le nombre de ceux-là. Mais d'autre part, en quelles mains tomberont nos affaires, si, par modestie, par méfiance d'eux-mêmes, les meilleurs citoyens refusent de s'en occuper !

Seulement électeurs et candidats doivent se faire une juste idée de ce qu'est un représentant. Aucun homme sensé ne voudra ni imposer comme électeur, ni accepter comme candidat ce qu'on appelle le *mandat impératif*. On entend par là un mandat, limité par des conditions étroites, qui tendent à lier la liberté de l'élu et à la maintenir dans une dépendance absolue à l'égard de l'électeur.

Il va de soi qu'un honnête homme, qui sollicite ou accepte un mandat, doit se faire connaître tel qu'il est, savoir au juste ce qu'on attend de lui, et ne pas se laisser élire pour tromper l'attente de ceux qui le nomment. Mais quand il s'est expliqué sur ses principes, quand il a indiqué d'une manière générale la conduite qu'il se propose de tenir, il est clair qu'on doit, ou le repousser si l'on n'a pas confiance en lui, ou le prendre tel qu'il est sans conditions injurieuses. Peut-il savoir d'avance tout ce qu'il sera amené à faire et à penser? Cela ne dépend-il pas des circonstances qui se présenteront, des discussions auquelles il assistera? Peut-on raisonnablement lui demander de contenter tout le monde? En un mot serait-on assez fou, pour regarder comme un domestique à qui on donne ses ordres, l'homme à qui l'on fait au contraire cet immense honneur de le choisir comme chef et comme guide? Ou il mérite ce choix, et c'est qu'alors il offre toutes les garanties d'intelligence et de caractère : fions-nous donc lui ; ou il n'offre pas ces garanties, et alors il ne faut à aucun prix le choisir.

Devoirs des fonctionnaires, et de ceux qui exercent le pouvoir.

Voyons maintenant les devoirs du citoyen appelé à une fonction publique, petite ou grande, investi d'une part d'autorité. Pour ne pas nous perdre dans le détail des petites fonctions électives et des menus emplois, disons d'abord, une fois pour toutes, que les fonctions ne sont pas faites pour le plaisir de celui qui les remplit, mais pour l'intérêt de la communauté. Règle générale, on ne doit donc accepter une charge que si l'on se sent à même de bien l'occuper, d'en remplir toutes les obligations sans se plaindre.

Quiconque est au service du public, se doit au public, et doit faire passer toujours le bien commun avant ses préférences personnelles. C'est au public de son côté à avoir des égards pour ceux qui lui donnent leur temps et leur peine. Rien n'est pénible comme de voir l'exigence et même l'insolence de certaines gens envers les petits fonctionnaires. Parce qu'ils travaillent pour nous, on dirait que ce ne sont pas des personnes comme nous, que le premier venu a le droit de les traiter comme de simples moyens pour satisfaire toutes ses fantaisies. Autant il faut leur rappeler ce qu'ils nous doivent quand ils l'oublient, autant il est juste de respecter leurs droits.

Devoirs de l'Etat. Les grands pouvoirs publics.

Cela dit sur les fonctions publiques en général, considérons seulement les principales, celles qui constituent les grands pouvoirs dont se composent l'Etat. Il y a trois grands pouvoirs : le *pouvoir législatif*, qui fait les lois, le *pouvoir exécutif* qui les applique, le *pouvoir judiciaire* qui en punit la violation.

I. — *Le pouvoir législatif.*

En France le POUVOIR LÉGISLATIF est partagé entre la *Chambre des députés*, nommée directement par le suffrage universel, et le *Sénat* nommé indirectement[1]. Ces deux assemblées ont à peu près les mêmes attributions : elles se complètent et se contrôlent l'une l'autre, le

[1] Il y a 75 sénateurs *inamovibles*, nommés à l'origine par l'assemblée nationale qui a fait la constitution, et renouvelés à mesure des décès par le sénat lui-même. Tous les autres sénateurs sont nommés par un corps électoral restreint, formé, dans chaque département, des conseillers généraux et des délégués des conseils municipaux envoyés à raison de un par commune.

sénat ayant surtout pour rôle de modérer la chambre au nom de la tradition, et d'empêcher les changements trop brusques, les entraînements passionnés. La chambre et le sénat réunis en Congrès dans des conditions déterminées, nomment le Président de la République. Ce même Congrès peut seul, quand il y a lieu, apporter des changements à la Constitution.

Peu importe ici la différence entre les deux assemblées : Nous n'avons à considérer que les devoirs généraux du législateur : ils sont les mêmes au fond dans toute assemblée petite ou grande, qui prescrit des mesures obligatoires pour les individus et qui dispose des deniers publics. S'inspirer toujours de la loi morale et ne rien édicter qui soit contraire au bien ; mais, ne pas prétendre imposer tout ce que la morale commande ni faire régner de force toutes les vertus, voilà le double devoir de quiconque contribue à faire des lois. On ne peut pas mettre tout ce qu'on veut dans les lois. Il y a des choses qu'on n'a pas le droit de commander et d'autres qu'on n'a pas le droit de défendre, fût-ce au nom de l'intérêt général.

L'intérêt général, en effet, s'arrête devant certains droits inaliénables des personnes, contre lesquels rien ne peut prévaloir, pas même la raison d'État. En aucun cas, par exemple, l'État ne peut faire périr un homme injustement, fût-ce pour en sauver cent mille. Je puis avoir, moi citoyen, le devoir de donner ma vie pour mon pays ; mais on n'a pas le droit de me la prendre. La mort volontaire d'un pour tous est un dévouement sublime, la mise à mort d'un innocent au nom de tous serait un meurtre abominable : une telle injustice semblât-elle utile, ne serait jamais permise, mais l'injustice n'est jamais utile. Or ce qui est vrai du droit de vivre est vrai de tous les droits essentiels. L'Etat a pour but de les faire respecter et ne peut les violer sous aucun prétexte sans manquer à son but même, puisqu'il est, par définition, une association formée pour la défense des droits.

Il faut bien cependant, dans la vie sociale, relâcher quelque chose de ses droits. La liberté de chaque citoyen est nécessairement limitée par la liberté des autres ; et les lois sont faites précisément pour empêcher que les individus, sous prétexte de liberté, n'empiètent les uns sur les autres. Ceux qui font les lois doivent avant tout faire régner l'ordre entre les citoyens, et pour cela imposer des bornes aux libertés naturelles ; autrement il n'y aurait pas de société possible. Ils peuvent aussi, et doivent même au besoin, imposer des sacrifices aux particuliers, non plus au nom du droit de ses voisins, mais au nom de l'honneur et de l'intérêt commun.

Ainsi la loi ne peut permettre au premier venu d'enseigner tout ce qu'il lui plaît, et de répandre l'erreur impunément : l'Etat a le droit de surveiller toutes les écoles, et, tout en laissant s'ouvrir les écoles libres, quand cela est sans inconvénients, d'entretenir pour son compte, à frais publics, des écoles modèles, dans lesquelles la science se conserve, se transmet et s'accroît sans cesse, ce qui est un intérêt de premier ordre pour une nation. Ainsi encore, la loi ne saurait tolérer qu'un particulier empêchât la construction d'une route, d'un chemin de fer, chose d'une utilité générale, sous prétexte que cela entame sa propriété. L'Etat a donc le droit de m'exproprier de mon champ et s'il le faut, de ma maison même, sans violer pour cela mon droit de propriété ; il suffit qu'il me paie ce qu'il me prend, et m'indemnise largement du préjudice qu'il me cause.

Ces exemples et les pareils font assez comprendre dans quels cas, et à quelles conditions le législateur peut restreindre les droits individuels. Règle générale : le mieux est de laisser aux individus toute la liberté compatible avec la justice, le bon ordre et le bien du pays. Qu'ils fassent par eux-mêmes, librement, tout ce qu'ils peuvent faire ainsi sans dommage pour la communauté : cela les habitue à agir sous leur seule responsabilité, ce qui est plus digne d'hommes raisonnables ; cela encourage l'esprit d'entreprise, qui rend vaillant et ingénieux. Il n'est pas bon que l'Etat fasse trop de choses pour nous ; cela nous rendrait exigeants et paresseux, et nous ferait prendre cette mauvaise habitude d'attendre tout du pouvoir. Est-ce que certains ignorants ne vont pas jusqu'à accuser le gouvernement de tout ce qui ne va pas à leur guise, même des mauvaises récoltes et du mauvais temps ! Encore une fois l'Etat a pour mission de garantir, de concilier le mieux possible tous les droits ; non de faire nos affaires à notre place.

Une erreur plus excusable au premier abord, mais peut-être encore plus dangereuse, serait de croire que le but des lois est de faire régner la vertu. Elles ne doivent rien ordonner qui soit contraire au bien, mais elles ne peuvent pas pour cela commander tout ce qui est bien. Elles imposent ces vertus négatives qui consistent à ne pas tuer, à ne pas voler, en un mot à respecter les droits des autres ; mais il y a deux sortes de vertus, et ce sont les plus belles, que le législateur ne doit pas chercher à imposer. La loi ne doit ni intervenir dans ma vie privée, ni me forcer à faire pour mes semblables, plus que ne demande la stricte justice. Il est très-bon par exemple d'être charitable et généreux envers autrui ; et cela est même absolument obligaloire. Mais ces vertus supérieures sont affaire de conscience et de bonne volonté ; on ne peut ni les prescrire par le code, ni les exiger par la force. De même on est tenu en conscience d'être sobre et de ne pas s'enivrer, même chez soi ; mais qui pourrait tolérer que la loi fixât ce que nous devons manger et boire, et que les gendarmes vinssent chez nous voir si nous ne sommes pas en état d'ivresse ? Tout le monde s'écrierait avec raison que cela est contraire à la liberté. Tout ce que la loi peut et doit faire, c'est de réprimer l'ivresse et l'immoralité *publiques*, pour protéger les honnêtes gens contre la brutalité de l'ivrogne et contre le scandale des mauvais exemples.

Outre qu'ils font les lois les législateurs votent aussi le budjet, c'est-à-dire les dépenses publiques et les impôts destinés à payer ces dépenses. L'impôt n'est dû par les contribuables qu'une fois voté par leurs représentants. A ce titre, ceux-ci ont un double devoir : d'une part alléger autant que possible les charges du pays et se refuser à toute dépense inutile ; d'autre part, assurer et améliorer tous les services publics, accorder largement tout ce que demandent la sécurité, la prospérité et l'honneur de la nation.

Enfin ils nomment et surveillent le *pouvoir exécutif*. Ils le font naturellement aussi conforme que possible à leur opinion moyenne, par conséquent à l'opinion générale, qu'ils représentent. Quand ils sont en désaccord avec lui sur une question très-grave, ils peuvent et doivent le changer, dans les conditions et dans les formes prescrites par la Constitution. Mais quand ces changements ne sont pas nécessaires ils sont toujours fâcheux, et on ne doit pas les multiplier à plaisir. Le pays a besoin de repos. Dans l'intervalle des élections, ses représentants doivent l'agiter le moins possible par des changements inutiles ou trop fréquents. Ils doivent faire voir au contraire à ceux qui en douteraient encore que la République, régime de liberté, est, au moins autant que n'importe quel autre gouvernement, un régime de tranquillité. S'ils faisaient dire le contraire, on le leur pardonnerait d'autant moins, que, les ministres et les principaux membres du gouvernement étant pris d'ordinaire dans les Chambres, ceux qui les renversent sans de graves raisons peuvent toujours être soupçonnés de ne vouloir que prendre leur place. Des députés et des sénateurs désintéressés, qui comprennent vraiment leur devoir, se font donc un point d'honneur de respecter et de soutenir le pouvoir exécutif tout en le contrôlant. Qu'on puisse le modifier pour le mettre d'accord avec la volonté du peuple, il le faut bien ; et c'est un des grands avantages de la République d'opérer sans secousse ces changements ; mais ce serait une grande faute de les opérer à la légère.

II. — *Le pouvoir exécutif ou gouvernement.*

On le voit par ce qui précède, le POUVOIR EXÉCUTIF ou gouvernement proprement dit, émane du pouvoir législatif, mais en est distinct, et, jusqu'à un certain point, indépendant. Il se compose du président de la République, (nommé par le Congrès pour sept ans) ; et des ministres choisis par lui, au nombre de dix.

Chaque ministre est à la tête d'un des grands services publics (affaires étrangères; instruction publique, finances, etc ;) il nomme et dirige tous les employés relevant de son ministère, traite, sous la surveillance des Chambres et d'accord avec elles, toutes les affaires qui sont de sa compétence. Par exemple le ministre de l'intérieur nomme et révoque les préfets, les sous-préfets, les maires des grandes villes [1]. Le ministre de la guerre nomme les officiers, etc.

[1] Ceux des petites communes sont élus par le conseil municipal. Ceux des cantons et des grandes villes sont nommés par le ministre, mais pris autant que possible parmi les conseillers municipaux.

Les devoirs du Président de la République sont aussi simples que graves : respecter religieusement la Constitution et la faire respecter par tout le monde ; être en tout le gardien des lois, le serviteur fidèle de la volonté nationale ; ne jamais user de la force publique, qui est toute dans sa main, que pour le bien public et selon la loi ; ne jamais choisir ses ministres que selon les vœux des chambres et du pays ; recevoir dignement les ambassadeurs étrangers, et entretenir des relations amicales avec les nations voisines ; enfin, quand expire son mandat, se retirer simplement, emportant dans sa retraite l'estime reconnaissante de tous les bons citoyens[1]. Il y a dans l'histoire de la république romaine un exemple à jamais célèbre de la façon dont un bon citoyen sait quitter le pouvoir pour rentrer dans la vie privée. Cincinnatus était à la campagne, tout occupé de travaux rustiques, quand on le choisit pour être DICTATEUR dans un grand danger de la patrie. Il accepta cette charge suprême, qui donnait un pouvoir plus grand que celui de notre président de la République. Mais il ne la garda que le temps strictement nécessaire pour sauver Rome de ses ennemis. Deux fois on vint ainsi le chercher

[1] Il ne peut être renversé par un vote comme les ministres. On peut seulement ne pas le réélire.

aux champs pour lui confier le pouvoir suprême : deux fois il prit en main les affaires de la patrie en danger, mais deux fois il abdiqua aussitôt qu'on n'eût plus besoin de ses services et revint à sa charrue.

Les ministres ont une besogne compliquée et délicate, car ils s'occupent non-seulement des grandes affaires, mais de mille détails. Séparément, ils ont le maniement de toutes les administrations, de tous les fonctionnaires. Réunis en *conseil des ministres* ils dirigent la politique générale tant intérieure qu'extérieure. Grande est leur responsabilité, car bien qu'ils ne puissent pas se passer de l'appui des chambres et qu'ils puissent toujours être renversés par elles, ils n'en sont pas moins très-puissants pour le bien et pour le mal. Par exemple, leur imprudence pourrait rendre la guerre nécessaire, même quand le pays ne la voulait pas.

Tous leurs devoirs se ramènent à ceci : comprendre toute l'étendue de leur responsabilité ; n'accepter l'honneur que s'ils se sentent à la hauteur de la tâche ; appliquer toutes lois à tous indistinctement ; travailler de toutes leurs forces ; nommer les fonctionnaires les plus dignes ; rendre fidèlement leurs comptes ; ne jamais chercher à peser sur les élections, ni à user du pouvoir pour leur propre intérêt ; se retirer sans hésiter dès que leurs services ne sont plus jugés utiles. Quel respect ne mérite pas un ministre qui remplit son rôle de cette manière ! Que de soins pris pour la chose publique ! que de services rendus ! Loin d'envier les honneurs qui le dédommagent si imparfaitement de ses veilles, il faut saluer en lui un citoyen d'élite, plus laborieux et plus dévoué que les autres, qui nous donne son intelligence et son cœur, nous sacrifie son repos et sa santé.

III. — *Le pouvoir judiciaire.*

Le POUVOIR JUDICIAIRE est, le troisième des grands pouvoirs publics. Il est nommé en général par le pouvoir exécutif, sur la proposition du ministre de la justice. Néanmoins tout citoyen peut se trouver un jour appelé à rendre la justice ; car dans les affaires criminelles, qui se jugent en cour d'assises, on adjoint aux magistrats proprement dits un *Jury*, tiré au sort parmi les simples citoyens[1]. Les magistrats pro-

[1] Peut être *juré* tout citoyen honorable ayant assez d'aisance pour pouvoir quitter quelque temps ses affaires sans trop de préjudice, et qu'on croit assez éclairé pour bien juger si un accusé est coupable ou innocent. Car le jury n'a à répondre qu'à la question de culpabilité plus ou moins grande. Ce sont les juges qui appliquent la loi selon le crime reconnu par les jurés.

prement dits sont de plusieurs degrés, depuis le *juge de paix*, qui, dans chaque canton, juge ou tâche d'arranger les petites affaires, pour empêcher les disputes sans importance de dégénérer en grands procès, jusqu'à la *Cour de Cassation*, qui reçoit en dernier ressort toutes les réclamations contre les jugements des autres tribunaux, et qui casse ces jugements si toutes les formes de la justice n'y ont pas été observées. Entre ces deux extrêmes sont les *tribunaux de première instance* et les *Cours d'appel*.

Deux sortes de magistrats forment chaque tribunal et chaque cour : les uns qu'on appelle les *magistrats assis*, (juges et conseillers) n'ont qu'à écouter les débats et à prononcer; les autres qu'on appelle les *magistrats debout* ou le *parquet* (procureur de la République, procureur général, substituts), recherchent les coupables, font les enquêtes et les instructions, soutiennent l'accusation, réclament le châtiment au nom de l'intérêt social.

Mais à tous les degrés, pour tous les magistrats, les devoirs généraux sont les mêmes : Juger sans parti pris, sans colère ni passion ; appliquer toute la loi, rien que la loi, non-seulement à la lettre, mais selon l'intention du législateur ; n'obéir à aucune préférence, à aucune antipathie personnelle, mais n'avoir pour tous qu'un seul poids, une seule mesure; ne céder ni aux menaces ni aux promesses; regarder l'accusé comme innocent et le traiter comme tel, jusqu'à preuve du contraire; ne jamais le condamner sans l'entendre[1] : l'écouter avec patience et impartialité, lui et tous les témoins; en un mot réaliser autant que possible la parfaite justice, qu'on a toujours représentée calme, impassible, avec une balance dans une main, une épée dans l'autre.

DEVOIRS DES NATIONS ENTRE ELLES OU DROIT DES GENS

Une nation dans laquelle tout le monde ferait son devoir, les gouvernés et les gouvernants, à tous les degrés de l'échelle, serait une heureuse et puissante nation. Elle ne ferait pour ainsi dire qu'un seul corps, tant elle serait unie; et comme l'union fait la force, elle n'aurait rien à craindre au monde : personne n'oserait lui chercher querelle.

Mais, respectée par les nations voisines, elle

[1] La Loi veut que tout accusé soit admis à présenter sa défense. Elle prescrit même dans les affaires criminelles de donner gratuitement un avocat à l'accusé trop pauvre pour le payer.

aurait pour devoir strict de les respecter à son tour. Les différentes nations sont, en effet, comme autant de personnes : elles sont soumises, dans leurs rapports entre elles, aux mêmes règles de morale qui régissent les rapports des individus. Chacune a le droit de rester libre et maîtresse chez elle ; chacune doit être sacrée aux yeux de toutes les autres dans son honneur et sa dignité, dans son territoire et ses possessions légitimes.

Malheureusement les nations ne sont pas encore assez sages pour demeurer toutes en paix dans des relations de bon voisinage. Il y a souvent des jalousies, des conflits d'intérêts, des rivalités d'amour-propre, et alors la guerre éclate. C'est le plus terrible des maux, un fléau non-seulement funeste, mais honteux, puisqu'il est l'œuvre des hommes eux-mêmes. On pourrait vivre tranquille, s'entraider, s'enrichir mutuellement par le commerce, rivaliser dans la science, les arts et l'industrie ; et au lieu de cela on se rue les uns sur les autres, on s'égorge par milliers pour des raisons souvent futiles, on se ruine, on se pille, on porte les uns chez les autres le carnage, l'incendie, le désespoir. Est-il rien de plus insensé ? La vie n'est-elle pas assez courte sans nous entretuer ? N'y a-t-il donc pas assez de maux naturels sur cette terre, qu'au lieu de nous unir pour les diminuer, nous les multiplions par notre folie et notre rage?

Le peuple qui le premier cherche dispute à un autre, et qui par son insolence et son injustice, pour s'agrandir ou s'enrichir, commence une guerre, ce peuple-là commet un grand crime : non pas tout le peuple, car on ne consulte pas tout le monde, et, surtout dans les monarchies, la plupart des citoyens ignorent ce qui se passe, se battent sans savoir pourquoi; mais les empereurs, les rois, les ministres, tout ceux qui, sans y être forcés, entreprennent la guerre, tous ceux qui, par ambition, intrigue, esprit de conquête, déchainent ce fléau sur l'humanité, sont de véritables criminels. Loin de nous laisser griser par leurs victoires, il faut leur mettre sur la conscience toutes les horreurs qu'amène la guerre, tous les meurtres, tous les vols, tous les pillages, tous les incendies.

Ils sont d'autant plus coupables, que le peuple, ne pouvant pas, ne devant pas juger par lui-même, est bien forcé de suivre ses chefs une fois le drapeau levé. Car si la guerre offensive est une immense injustice de la part de ceux qui la décident, la guerre défensive est le plus sacré des devoirs pour ceux qu'on insulte ou qu'on attaque; or, les simples citoyens n'ont aucun moyen de savoir, et n'ont pas même à se demander, si la guerre est offensive ou défensive, nécessaire ou non : dès qu'elle est déclarée, ils doivent y mettre toute leur énergie, tout leur cœur.

Le pays est en danger, le canon tonne, ce n'est pas le moment de discuter, mais de se battre. Lâche, celui qui murmure ou qui récrimine, au lieu de courir au feu. Soyons d'abord vainqueurs, sauvons d'abord l'honneur et la patrie. Il sera temps après de se demander qui a eu les torts, qui est responsable. On ne doit jamais ni critiquer ni abandonner ses chefs dans le danger. Tant pis si on les a mal choisis ou mal contrôlés, la lutte une fois ouverte, la patrie est où ils sont.

Mais pour cela même, combien ne sont-ils pas coupables, s'ils jettent leur pays dans une guerre injuste ! Qu'on ne parle alors ni de gloire, ni d'intérêt national : La seule gloire pour un grand pays est de se faire respecter pour sa force et sa justice, de se faire aimer comme protecteur des faibles, de se faire admirer par son instruction, son travail, son génie et la grandeur morale de ses enfants.

C'est ce que commencent à comprendre les nations éclairées. Les expositions universelles comme celles de Paris en 1867 et 1878, comme celles de Londres, de Vienne, de Philadelphie, prouvent que les peuples les plus riches et les plus industrieux ne demanderaient qu'à renoncer aux luttes sanglantes, pour rivaliser seulement en travail utile et en découvertes bienfaisantes. Si ces mêmes peuples pouvaient s'entendre d'une manière durable, pour donner le bon exemple, ils finiraient bien par forcer à rester en paix ceux qui ne rêvent que guerres et batailles pour s'enrichir par le pillage. On verrait alors, on verra certainement un jour se généraliser la pratique de l'arbitrage, que l'Angleterre et l'Amérique ont récemment inaugurée d'une manière si honorable.

Depuis plusieurs années un grave conflit passionnait ces deux grandes nations. L'Amérique accusait l'Angleterre de lui avoir causé un grand dommage, pour lequel elle réclamait une forte indemnité. L'Angleterre refusait la réparation demandée : la guerre paraissait inévitable. Tout-à-coup, d'un commun accord, les deux pays résolurent d'en finir, et pour cela, de porter leur différend devant un tribunal nommé à l'amiable, dont chacun d'eux s'engageait par avance à respecter la décision. Ce tribunal fut composé d'hommes sages et expérimentés choisis dans toutes les nations civilisées, et on en offrit la présidence au représentant de la France. C'était peu de temps après nos malheurs de 1870. Ce grand hommage rendu à notre esprit de justice fut pour nous une première et noble consolation. C'est un honneur que bien des victoires ne valent pas, et dont tout Français doit garder le souvenir.

Le congrès se réunit à Genève, sur le territoire neutre de ce vaillant petit peuple Suisse, notre aîné à tous dans la liberté. On entendit les deux parties, on délibéra, on rendit un arrêt motivé qui condamnait l'Angleterre à payer une indemnité modérée. L'Angleterre y consentit de bonne grâce et l'Amérique se déclara satisfaite. En quinze jours de discussion pacifique, où tous avaient appris à s'estimer, on avait empêché une guerre formidable, qui aurait coûté la vie à des centaines de milliers d'hommes, englouti des milliards, arrêté le commerce du monde entier.

En attendant que cet exemple mémorable soit suivi de tous les peuples, il faut bien se défendre quand on est attaqué, et la guerre n'est pas plus près de disparaître de ce monde que l'injustice. Au moins a-t-on senti, et depuis longtemps déjà, la nécessité de la soumettre à certaines règles d'honneur, pour l'empêcher autant que possible de dégénérer en atrocités qui nous feraient retomber dans la barbarie. Ces règles sont la partie essentielle de ce qu'on appelle le *Droit des gens*. Elles portent que les principes généraux qui régissent, en temps ordinaires, les rapports entre gens de nations différente, continueront à être respectés dans la mesure du possible en temps de guerre.

Ainsi on ne doit ni tuer ni maltraiter les femmes, les enfants, les veillards, les hommes sans armes; on ne doit ni bombarder les villes ouvertes, ni incendier, ni piller; on doit faire les réquisitions nécessaires d'une manière régulière et paisible et en s'adressant aux autorités; on doit déclarer la guerre selon les formes consacrées avant de commencer les hostilités, et respecter rigoureusement les trèves et les conventions; on doit épargner la vie aux vaincus qui se rendent, traiter avec égard les prisonniers pour les échanger après la guerre, relever et soigner indistinctement tous les blessés, amis et ennemis, respecter de part et d'autre les ambulances, les infirmiers, les médecins. La Convention de Genève, signée en 1867, a, sur ces derniers points, amélioré les règles antérieures.

Nécessairement ces règles sont toujours imparfaitement observées, parce que la guerre déchaîne toutes les passions sauvages, et qu'au milieu des batailles il est difficile de garder toute sa raison. Mais les soldats qui à la faveur de la guerre volent et commettent des crimes, encourent le mépris public et les rigueurs de la discipline; et quand les chefs, au lieu de punir ces crimes, les tolèrent et les encouragent, l'armée entière, fût-elle victorieuse, est déshonorée. — En somme, si le temps est encore loin, où la justice, rendant partout la guerre inutile, la fera paraître ce qu'elle est, absurde et horrible ; nous sommes loin aussi, grâce à Dieu, du temps où les prisonniers de guerre étaient égorgés sans pitié, et où les vaincus n'avaient la vie sauve que pour devenir esclaves des vainqueurs. Le progrès accompli permet d'en espérer d'autres.

L'HUMANITÉ. — DEVOIRS DE L'HOMME ENVERS SES SEMBLABLES EN GÉNÉRAL

La justice et la charité.

Par tout ce qui précède on voit déjà que les hommes ont tous des devoirs les uns envers les autres, indépendamment des relations de famille et des obligations patriotiques : c'est sur ces devoirs généraux que nous devons maintenant insister.

Je dis que du moment où un homme entre en rapports avec un autre, quelle que soit la différence de race, de mœurs, de langue, de religion, quand l'un serait un blanc l'autre un nègre, l'un un civilisé, l'autre un sauvage, — ces deux hommes ont des droits et des devoirs vis-à-vis l'un de l'autre, par cela seul qu'ils sont l'un et l'autre des personnes. N'ont-ils pas au fond la même nature et la même destinée? Malgré toutes les différences qui tiennent au climat et à l'éducation, n'ont-ils pas au moins en germe les mêmes facultés, les mêmes besoins, les mêmes affections? N'ont-ils pas tous deux la raison et le langage? Ne sont-ils pas des frères dans la grande famille humaine? Des êtres ainsi faits pour s'entendre seraient évidemment insensés de se traiter mutuellement comme des bêtes féroces selon la seule loi du plus fort. En se comportant au contraire selon la loi morale, ils peuvent s'adoucir toutes les peines de la vie et goûter en commun tout le bonheur que permet leur condition.

Deux mots résument tous les devoirs de l'homme envers ses semblables : *Justice* et *Charité*.

La *Justice* consiste à rendre à chacun ce qui lui appartient et à respecter tous les droits d'autrui. *Ne fais pas à autrui ce que tu ne voudrais pas qu'on te fît*, voilà la grande maxime de la justice. En d'autres termes, ne traite jamais aucune personne comme une chose ; ne fais de mal à personne.

Mais c'est trop peu de ne pas faire de mal,

il faut encore faire tout le bien possible. La justice ne suffit pas, il faut y joindre la *Charité. Fais à autrui, en toutes circonstances, ce que tu voudrais qu'on te fît.* Non content de ne pas violer les droits des autres, il faut savoir relâcher quelque chose de nos propres droits, faire pour nos semblables plus que le nécessaire, nous priver, nous dévouer pour eux. Ce sont des plaisirs divins que ceux du désintéressement et du sacrifice. Autant il est bon de défendre fièrement nos droits contre ceux qui les méconnaissent, autant il est doux d'y renoncer librement pour l'amour des autres.

La charité est moralement obligatoire au même titre que la justice ; et par exemple, un homme très-riche qui ne ferait absolument rien pour les pauvres, qui ne prendrait pas une obole sur son superflu pour empêcher de mourir de faim un honnête père de famille malade ou sans travail, manquerait certainement à un devoir sacré. Il aurait beau dire qu'il ne fait de mal à personne, c'est faire un grand mal que de ne pas faire tout le bien qu'on peut. Les anciens reconnaissaient déjà cette vérité, et l'un d'eux a dit : On n'est pas juste sans charité. Un proverbe latin disait dans le même sens : celui qui veut toujours s'en tenir strictement à son droit a tort de se croire juste pour cela ; il est parfois souverainement injuste.

Un grand poète italien, Dante, a encore exprimé cette pensée en beaux vers. Il s'imagine descendre aux enfers : après s'être fait expliquer par son guide tous les crimes des damnés dont il raconte les supplices, il arrive à d'autres damnés qu'il s'étonne de voir torturés presque autant que les plus grands coupables. « Et ceux-là, demande-t-il, quel est donc le crime qu'ils ont commis ? — Leur crime, répond le guide, est de n'avoir pas fait de bien. »

Seulement la justice est exigible par la loi et par la force, tandis que la charité ne l'est pas. Je puis contraindre un homme à respecter mes droits, non à me sacrifier les siens. Quoiqu'un riche soit coupable de me refuser l'aumône, il est pourtant libre de le faire. Cela ne regarde que lui, il est seul juge de l'intérêt que je lui inspire et des moyens dont il dispose. Moi, pauvre, je ne pourrais sans une injustice pire encore que la sienne le forcer à me venir en aide. C'est pourquoi la charité est facultative au point de vue social, quoique commandée par la morale aussi bien que la justice même.

Principaux devoirs de justice et de charité.

1° *Tu ne tueras pas.*

Venons aux détails : quels sont nos devoirs de justice? quels sont nos devoirs de charité?

Le premier devoir de justice est de *respecter la vie* de nos semblables : *tu ne tueras pas.* L'homicide volontaire est le plus affreux des crimes et le plus sévèrement puni, parce qu'il est la violation du premier de tous les droits, qui est pour chacun de vivre afin d'accomplir ses devoirs et sa destinée morale.

Cas de légitime défense.

Il suit de là même qu'assailli injustement, mis en danger de mort par des malfaiteurs, j'ai le droit de me défendre énergiquement, et, s'il le faut, de tuer qui m'attaque. C'est le cas de *légitime défense*. Il faut y voir moins une exception au précepte qui défend de donner la mort, qu'une conséquence et une sanction de ce précepte même. Non seulement c'est mon droit de me défendre, mais on peut même dire que c'est mon devoir. Il serait trop commode pour les méchants, que ceux qui n'ont ni retenue

6*

ni scrupules püssent tout oser impunément contre les honnêtes gens.

Seulement il ne faut donner la mort même à un assassin que si cela est absolument nécessaire. Le mieux, quand on le peut, est de ne pas se faire justice soi-même, mais d'arrêter, de désarmer l'agresseur et de le livrer à la justice régulière, afin qu'il soit jugé selon les lois. C'est là un excellent exemple à donner; car ce qui fait la supériorité des pays civilisés sur les pays barbares, c'est que les crimes y sont réprimés par la société même au nom de l'ordre public, et non par les vengeances privées sous le coup de la colère.

Veut-on savoir d'une manière générale dans quels cas l'homicide est excusable? La réponse est simple : L'homicide est permis toujours, mais uniquement, dans les cas et dans la mesure où il est *nécessaire* pour la défense de notre vie injustement menacée.

Ainsi, dans la guerre, il est clair qu'on est forcé de tuer; mais ce n'est un droit et un devoir que quand on se bat pour se défendre. Ceux qui attaquent injustement et prennent l'offensive sont très-coupables, ainsi que nous l'avons dit plus haut. De même encore, si la peine de mort est nécessaire pour protéger les innocents, la société a le droit de faire périr les criminels; car son premier devoir est de faire régner la sécurité des personnes. Mais du jour où il serait prouvé que l'échafaud n'est pas nécessaire et que la société se protége tout aussi bien autrement, tout le monde devrait souhaiter de voir la peine de mort disparaître de nos Codes; car c'est une peine terrible, irréparable, qui ne laisse au coupable aucune possibilité de se relever; et on frémit en pensant que, appliquée par des juges sujets à se tromper, une telle peine peut frapper des innocents.

Certains pays l'ont supprimée. La morale nous commandera de faire de même dès qu'on croira le pouvoir sans danger. Car nous ne sommes pas des dieux pour prétendre juger sans merci. Notre droit de punir a pour fondement, et par suite pour limite, la nécessité de nous défendre. Depuis qu'on l'a reconnu, la pénalité n'a cessé de s'adoucir et on s'accorde à voir là un des meilleurs fruits de la civilisation. Autrefois on mettait les accusés à *la question* pour les forcer à s'avouer coupables, et quelques-uns avouaient par désespoir, quoiqu'ils fussent innocents. Puis, les coupables étaient exposés en public, mis au pilori, soumis à des *tortures* de mille espèces selon le degré de leur faute : tout cela a disparu et le nombre des crimes n'a pas augmenté. Enfin la mort était prodiguée; elle a été réservée à un petit nombre de cas, sans préjudice, à ce qu'il semble, pour la paix sociale.

Du Duel.

Ceux qui se battent en *Duel* cherchent à se donner la mort l'un à l'autre : ils commettent en cela une véritable tentative de meurtre, que la morale réprouve absolument. Sans doute celui qui provoque l'autre est le plus coupable, et l'un des deux peut se croire encore dans le cas de légitime défense ; mais que deviendrait la société si chacun prétendait ainsi se faire justice à soi-même ?

Nous cause-t-on un vrai dommage ? Dans une nation policée il y a des lois pour protéger tous les droits : déférons simplement à la justice les insolents et les violents ; nous serons bien plus sûrement et bien mieux vengés qu'en leur faisant l'honneur de nous exposer sottement à leurs coups. Car s'ils nous tuent nous serons deux fois victimes, et ce sera une singulière façon d'obtenir réparation. Et si nous les tuons, nous aurons commis un meurtre pour un grief peut-être insignifiant, ce qui dépasse infiniment notre droit de défense. Quant à l'honneur qu'on invoque souvent et qui, dit-on, demande du sang, le seul honneur que la morale reconnaisse, c'est d'être homme de bien ; et cet honneur-là, il n'appartient à personne de me le ravir. La réputation n'est pas l'honneur, quoique ce soit aussi un très-grand-bien. Quand on a l'estime des honnêtes gens, on a le droit de mépriser celle des sots.

Le respect dû à la vie et à la personne de nos semblables exclut, par voie de conséquence, toute espèce de mauvais traitements. La loi punit avec raison les coups et blessures, les injures, les menaces violentes; et quand elle ne les punirait pas, la morale les interdirait encore.

A ces premiers devoirs de justice correspondent des devoirs de charité, qui tous reviennent à celui-ci : porter secours et assistance à quiconque est en danger de mort ou injustement maltraité. De tout temps l'humanité a entouré d'admiration ceux qui se dévouent pour les autres, qui, dans les incendies, les inondations, les épidémies, les troubles civils, exposent leur vie pour sauver leurs semblables.

2° *Respect de la liberté d'autrui. Immoralité de l'esclavage et du servage.*

Après la vie, ce qui a le plus de prix pour l'homme, c'est la liberté. Respecter la liberté d'autrui est un devoir de stricte justice. L'esclavage, qui faisait d'un homme la chose et la propriété d'un autre homme, était donc une injustice flagrante. Le servage n'était guère moins abominable ; car si le serf ne pouvait pas être vendu comme un outil ou un meuble, il était attaché à la terre sans permission de la quitter, acheté ou cédé avec elle, forcé de la cultiver pour un maître, à qui seul revenaient tous les fruits de son travail.

On ne peut songer sans horreur qu'il y a eu des serfs en France presque jusqu'à la Révolution, et en Russie jusqu'en 1861. Quant aux esclaves il y en a encore en Afrique et en Amérique, malgré la réprobation du monde civilisé. Nous avons vu que dans l'antiquité les prisonniers de guerre devenaient esclaves quand on leur laissait la vie sauve. Le même usage règne encore dans une multitude de tribus sauvages ; et il est des Européens qui trouvent tout naturel, par cela seul qu'ils sont blancs et qu'ils sont les plus forts, de posséder, d'acheter, de vendre des Nègres, des Chinois, pour les faire travailler sans salaire, à force de coups, comme des bêtes de somme. C'est un crime à peine moins atroce que l'homicide même.

3° Respect des autres dans leur réputation. Immoralité de la médisance et de la calomnie.

Nous disions tout à l'heure que la bonne réputation est un grand bien : aussi est-ce une grande faute de porter atteinte à la réputation, à l'honneur d'autrui. La médisance et la calomnie qui tendent à faire perdre à nos semblables l'estime publique, constituent de graves injustices.

La calomnie est la pire, puisqu'elle consiste à dire des autres du mal qui n'est pas vrai : c'est la médisance compliquée de mensonge ; véritable lâcheté qui cherche à blesser en secret, qui met au service de la haine toutes les perfidies de la parole. Il y a une forme particulièrement vile de la calomnie, c'est la lettre anonyme. Elle mérite le plus profond mépris des honnêtes gens, même si elle échappe aux rigueurs des lois.

Mais la simple médisance est elle-même absolument condamnable. Sans doute quand on médit on ne fait que dire ce qui est vrai ; mais c'est le cas de répéter avec le proverbe : toute vérité n'est pas bonne à dire. Quel droit avons-nous de divulguer les faiblesses des autres et d'en triompher ? C'est la plupart du temps pour nous faire valoir à leurs dépens, pour nous faire croire meilleurs que nous ne sommes. Mais serions-nous bien aises qu'un autre ébruitât toutes nos fautes? Quel est donc celui de nous qui n'a rien à se reprocher? Et fussions-nous des saints, nous devrions être encore indulgents pour autrui, jeter un voile sur le mal. En le dévoilant nous l'aggravons; car, d'une part, nous pouvons donner de mauvais sentiments et de mauvaises pensées à ceux qui nous entendent, et, d'autre part, ceux dont nous disons du mal deviendront pires encore et pourront de moins en moins se relever, quand nous leur aurons fait perdre l'estime publique.

Il est clair d'ailleurs que ce n'est plus de la médisance, de dire ce que nous savons quand nous sommes cités comme témoins en justice. C'est alors, au contraire, un devoir strict de dire toute la vérité. Ce serait une singulière charité, que celle qui consisterait à laisser condamner un innocent pour ne pas médire du coupable, ou bien à assurer l'impunité à un dangereux criminel.

Un devoir de charité correspond au devoir strict de ne pas calomnier ni médire, c'est de prendre la défense de ceux qu'on calomnie ou dont on médit devant nous. Au lieu de se plaire au mal qu'on dit des autres, de sourire avec une lâche complaisance, un honnête homme aime à plaider la cause des absents ; on se fait toujours honneur à soi-même en fermant la bouche à la calomnie, au risque de se faire des ennemis, et en refusant de croire légèrement à la culpabilité des autres.

4° *Respect de nos semblables dans leur sensibilité.*

Un mot résume toute la justice : Respecter les personnes dans toutes leurs facultés. Ce sera les respecter dans leur sensibilité que de s'interdire scrupuleusement tout ce qui peut les blesser ou leur déplaire, les faire souffrir ou les affliger, exciter en elles des passions basses ou violentes. Les lois protégent tout particulièrement la sensibilité de l'enfant. Les mauvais conseils, les mauvais exemples, tendant à *détourner* du devoir des cœurs inexpérimentés, encore incapables de se conduire, sont flétris de tout le monde et justement punis.

La charité veut au contraire que nous soyons le plus possible occupés du bonheur de tous, et soucieux du bien des petits et des faibles. — Pourquoi la politesse est-elle moralement bonne, au point qu'on pourrait presque l'appeler une vertu sociale ? C'est parce qu'elle consiste en résumé, à éviter soigneusement d'affliger et de choquer les autres, et à faire tout ce qu'on peut pour leur être agréable.

5° *Respect de nos semblables dans leur intelligence. Respect des opinions.*

Respecter nos semblables dans leur intelligence, ce sera éviter de les tromper, de les égarer, de les inquiéter pour leurs opinions et leurs croyances.

Tout homme désire connaître la vérité, qui est le bien des intelligences. Chacun s'efforce d'y atteindre comme il peut. C'est un de nos droits les plus sacrés, de penser ce que nous croyons vrai, sans être persécutés par ceux qui ne pensent pas comme nous. Et ce que nous pensons, on doit nous laisser libres de le dire et de le manifester, à la seule condition de ne porter par là aucune atteinte aux droits d'autrui. L'intolérance envers les opinions que nous ne partageons pas n'est pas seulement injuste, elle est contraire à l'intérêt public et au triomphe de la vérité : c'est une sottise en même temps qu'une faute. Car si notre opinion est la vraie, pourquoi craindre pour elle la contradiction? Elle ne peut que sortir victorieuse de la discussion sincère et libre, laquelle n'a jamais profité à l'erreur. Ce qui sert l'erreur c'est, au contraire, la persécution, parce qu'un instinct généreux porte tout le monde à passer du côté de ceux qui souffrent pour une croyance. Renonçons donc à imposer nos manières de voir; sachons souffrir qu'on nous contredise. A ceux qui combattent nos opinions, opposons la douceur, le calme et de bonnes raisons ; si la vérité est avec nous, elle triomphera :

« Patience et longueur de temps
Font plus que force ni que rage. »

Du mensonge.

Si la vérité elle-même ne doit pas être imposée aux intelligences, sous peine de les léser dans leur droit, on juge de la laideur morale du mensonge, qui consiste à donner pour vrai ce que nous savons être faux. La vie serait-elle possible, si les hommes se mettaient universellement à user de la parole pour se tromper les uns les autres? Certaines gens se figurent que le mensonge est permis quand il est sans gravité, qu'on peut mentir, par exemple, dans un récit, ou en plaisantant. Mais le mieux est de ne jamais fausser la vérité, fût-ce même en riant; car il est toujours mal de donner à quelqu'un une idée fausse. Si on ment pour se faire valoir, c'est une sotte et misérable vanité; si on ment pour s'égayer aux dépens d'autrui, c'est manquer de charité. Le seul cas où le mensonge pourrait être excusable, c'est le cas où il aurait pour but d'empêcher un plus grand mal, par exemple de soustraire un innocent aux coups d'un furieux; mais ces cas sont très-rares et, en règle générale, il vaut toujours mieux n'avoir pas à mentir. Toute dissimulation, toute hypocrisie répugne à la fierté de l'honnête homme, dont la franchise est une des premières vertus.

Quelquefois les enfants ayant négligé quelque devoir, commis quelque dégât, mangé quelque fruit défendu, nient leur faute de peur d'en subir les conséquences, mentent pour ne pas être punis. Mais c'est là une lâcheté que aggrave beaucoup la faute même, et qui ne promet rien de bon pour l'avenir. L'enfant qu'on sait menteur n'inspirera confiance à personne en devenant homme, s'il ne se corrige au plus vite. Comment peut-il se flatter de tromper longtemps? Tout se sait à la longue, et il n'est pas de faute qui ne paraisse deux fois plus laide quand elle se complique d'hypocrisie. Au contraire: *Péché avoué est à moitié pardonné.* Est-il un père qui ne soit prêt à ouvrir ses bras avec des trésors d'indulgence à un fils, même très-coupable, qui avoue sa faute humblement et courageusement?

A ces devoirs stricts, de ne pas mentir et de respecter les autres dans leurs opinions, correspondent ces devoirs de charité : dire et enseigner, coûte que coûte, ce qu'on croit être la vérité, la répandre par tous les moyens légitimes. Parmi les usages qu'un riche peut faire de sa fortune, il n'y en a guère de plus noble, que d'encourager la science, que de fonder des écoles, que de travailler à répandre dans le peuple des bienfaits de l'instruction. Voilà la véritable charité, plus efficace que l'aumône; car l'aumône ne soulage que pour un moment des besoins toujours renaissants; tandis que l'instruction nous met à même de nous suffire à nous-mêmes et de sortir de la misère par le travail.

6° *Respect des contrats.*

Dans tout ce qui précède est impliqué un nouveau devoir, le respect des conventions et contrats. Puisque nous ne devons tromper personne, pas même un inconnu, il est clair que nous ne saurions sans iniquité manquer aux engagements que nous avons pris. La parole d'un honnête homme est sacrée; quand il l'a donnée il la tient, quelques sacrifices que cela lui coûte. Pour se croire lié, il n'a pas besoin d'avoir engagé sa signature. Ce qu'il a promis, même sans témoins, fait loi pour lui. Le romain Régulus était prisonnier de guerre à Carthage. La guerre finie, on l'envoya à

Rome pour négocier l'échange des prisonniers, en lui faisant promettre de revenir. Il vient donc à Rome où ses parents, ses amis, tout le monde espère le retenir. Mais on le supplie en vain. Il conseille à ses citoyens de ne pas signer le traité qu'on leur propose, parce qu'il le regarde comme désavantageux ; puis, sans vouloir écouter aucunes prières, fidèle à la parole donnée, il revient se mettre aux mains des Carthaginois. — Un français, un breton du nom de Gesril a donné un exemple pareil à la prise de Quiberon, dans la guerre de Vendée.

De quelle estime sont entourés, de quelle confiance jouissent partout, ces hommes dont on peut dire que leur moindre parole vaut un acte ! Avec eux les affaires sont faciles ; on n'a pas à craindre la chicane. Mais il faut au contraire fuir comme la peste ceux qui cherchent toujours (et il n'y en a que trop) à nier leurs engagements, à ne pas tenir toutes leurs promesses. Contre ceux-là toutes les précautions sont bonnes ou plutôt aucune précaution ne suffit : le plus sage est de n'avoir point affaire à eux. Ils ne sont pas dignes de faire partie d'une société policée ; car on peut dire que le fondement et la garantie de toute société, c'est précisément le respect des contrats, la fidélité de tous à la parole donnée.

7° *Respect de la propriété.*

En avons-nous fini avec les grands devoirs de la vie sociale? Pas encore : il nous reste à parler du respect de la propriété. La justice me commande de vous respecter dans vos biens, dans toutes vos possessions légitimes : c'est une conséquence du respect dû à la personne humaine.

La propriété est essentiellement le fruit du travail. L'air que nous respirons, l'eau des fleuves sont des biens communs, à coup sûr d'une grande utilité, mais pourtant sans *valeur*, tant qu'aucun travail ne s'y applique; l'eau et l'air sont à tout le monde, ne sont la propriété de personne. Mais l'eau est à celui qui se donne la peine de la puiser et de l'apporter, et je n'ai pas le droit de m'approprier le fruit de son travail, si je n'obtiens qu'il m'en fasse don, ou si je ne lui paye, par un échange, sa peine, son temps et le service qu'il me rend; car tout service mérite salaire. De même si je veux descendre sous la terre ou dans la mer, et qu'il faille un appareil pour me faire respirer, une machine pour m'envoyer de l'air, cet air prend dès lors une valeur; il vaut à raison du travail qu'il faut pour me le procurer, et si je ne puis faire ce travail moi-même, je devrai le payer à ceux qui le feront pour moi.

A l'origine, quand un petit nombre d'hommes erraient sur d'immenses territoires, tout était à tous, les fruits à qui les cueillait, le poisson et le gibier à qui le prenait, l'herbe des pâturages à qui la faisait paître par son troupeau. Mais dès qu'un homme avait exercé comme *premier occupant* son droit de pâture, de chasse, de pêche ou de cueillette, la propriété était née. Nul ne pouvait plus sans injustice dérober par violence ou par fraude, au chasseur, le gibier qu'il avait tué, au pêcheur le poisson qu'il avait pris. Seulement, il y avait dès ce temps-là différentes façons de travailler, et l'on pouvait déjà se procurer par l'échange de ce qu'on ne possédait pas directement. On pouvait dire au pêcheur : donne moi une part de ta pêche et je te racommoderai tes filets ; ou bien au chasseur : donne-moi une part de ton gibier, je te donnerai une part des fruits que j'ai cueillis. Mais nul ne possédait en propre que ses forces et ses facultés, ce qu'il s'était approprié par un travail ou ce qu'il avait échangé contre les produits de son travail.

Mais, direz-vous, la terre n'était d'abord à personne, elle était à tous : comment se fait-il qu'aujourd'hui la terre soit possédée par certains hommes, pendant que d'autres n'ont pour ainsi dire rien sous le soleil? — Il faut bien comprendre que cela s'est fait naturellement, nécessairement, et que cet état de chose est encore ce qu'il y a de plus conforme à la justice et au bonheur général.

Quand la terre n'était à personne, elle était inculte, ne produisait que des bêtes sauvages et des fruits sauvages. Nul ne labourait ni ne semait; on vivait au hasard de la chasse et de la pêche, et l'on trompait sa faim en mangeant des racines quand le poisson et le gibier manquaient. Les premiers qui se sont avisés de cultiver la terre, qui se sont fixés sur un sol jusque-là inoccupé, pour le remuer, l'arroser, l'ensemencer à la sueur de leurs fronts, avaient bien le droit, apparemment, de récolter ce qu'ils avaient semé. N'eût-il pas été injuste de venir brûler leur hutte, et saccager leur champ? Mais après une, deux, plusieurs récoltes, la fertilité de ce champ se trouvait accrue; car plus la terre est travaillée, plus elle rend. Qui donc eût profité justement de ce surcroît de fertilité dû au travail, sinon le travailleur lui-même? De quel droit l'eût-on chassé d'un sol, d'abord stérile, maintenant fécondé par ses peines? — C'est ainsi que s'est formée la propriété foncière.

Comme toute autre propriété, elle se transmet par donation, par vente, par héritage. Car du moment qu'on possède une chose légitimement, on peut en disposer à son gré ; ce ne serait pas être propriétaire d'un bien que de n'en pouvoir pas faire l'usage que bon semble. On peut donc donner ce qu'on a, on peut le vendre, c'est-à-dire, l'échanger pour autre chose, enfin on peut le léguer en mourant.

Il est vrai que les lois mettent certaines limites au droit que j'ai de léguer mes biens par testament, mais c'est pour protéger d'autres droits contre mon caprice. Par exemple un père ne peut pas chez nous déshériter ses enfants au profit d'un étranger, ni un de ses enfants au profit des autres ; la loi lui permet seulement de disposer à son gré d'une partie de sa fortune, parce qu'il doit d'abord à ses enfants, et à tous également, les moyens de vivre autant que possible dans la condition où il les a fait naître.

Mais puisque c'est le devoir du père de laisser son bien à ses enfants, c'est à plus forte raison son droit. Il arrive ainsi que de grands biens sont entre les mains de gens qui n'ont eu, comme on dit, que la peine de naître, pendant que d'excellents travailleurs gagnent tout au plus de quoi nourrir leur famille. Mais le travailleur ne doit pas pour cela s'abandonner à des pensées tristes et injustes. Cette propriété du riche oisif est encore sacrée ; il faut respecter en elle, à défaut de son travail à lui, le travail accumulé de ses pères.

Le droit de succession est donc moins un droit de celui qui hérite, qu'un droit de celui qui transmet ce qu'il possède ; et c'est toujours en dernière analyse le travail, source de la propriété, qui rend la propriété respectable. Cela est si vrai, qu'aucun riche, pas même les plus oisifs, n'est entièrement dispensé de s'occuper de sa propriété et de lui consacrer un certain travail. Si, au lieu d'administrer ses biens, d'entretenir ses maisons, de faire cultiver ses champs et de payer pour cela ses ouvriers, un propriétaire disparaissait complétement et cessait de donner signe de vie, au bout de trente ans sa succession serait déclarée ouverte, et ses héritiers naturels seraient mis en possession de sa fortune : tant il est vrai que la propriété est regardée comme une institution d'intérêt public bien plus que comme un privilége de ceux qui possèdent.

N'envions pas le riche qui ne voit dans sa fortune qu'un moyen de jouissance et qui ne comprend pas les devoirs qu'elle lui crée. Avant peu il aura épuisé, faute d'ordre, ce que ses parents ont acquis pour lui, et les débris de cette fortune, si grande qu'elle soit, iront à ceux qui travaillent et qui épargnent.

Le travail et l'épargne, voilà les sources de

toute richesse. On commence par n'avoir que ses bras et son intelligence ; mais les choses sont ainsi faites, que par tout pays, le travail d'un homme produit plus qu'il ne faut pour ses besoins. Qu'il épargne le surcroît, au lieu de le dépenser à la légère ; qu'il sache se priver du superflu : bientôt il possédera des outils, premier capital du travailleur, puis des provisions pour les cas de maladie ; puis une maisonnette, un jardin, un arpent de terre, des réserves pour les mauvaises années et la vieillesse. Quelle joie de se sentir ainsi peu à peu au-dessus du besoin et indépendant des autres ! Combien il y a plus de dignité pour l'homme, dès qu'il possède quelque chose, dès qu'il a gagné pour lui et les siens un abri, la sécurité du lendemain, l'honnête aisance !

Mais croit-on que nous aurions le même cœur au travail, le même goût à épargner, si nous ne pouvions rien avoir en propre, ou si nous n'étions pas soutenus par la pensée de laisser à nos enfants le fruit de nos peines et de nos privations ? C'est donc grâce à la propriété et à sa transmission régulière sous la protection des lois, que la richesse publique va croissant, pour le plus grand bien de tous. Car même les plus pauvres ont intérêt à ce qu'on soit riche autour d'eux. La plus sotte forme de la jalousie serait celle qui nous ferait désirer la misère générale parce que nous sommes pauvres. Plus il y a d'aisance et de bien être autour de moi, plus je suis assuré de trouver toujours du travail bien payé, des secours dans mes maladies, des ressources de toutes sortes pour mes besoins et ceux de ma famille.

On voit par là dans quelle erreur coupable tombaient ces hommes, qui, à certaines époques, ont rêvé et prêché la suppression de la propriété, sous prétexte d'établir l'égalité des fortunes. L'égalité des fortunes n'est pas un droit ; elle serait même tout à fait contraire à la justice, tant qu'il y aura des paresseux et des ivrognes. Ne serait-il pas scandaleux que ceux qui dépensent en plaisirs plus qu'ils ne gagnent, eussent autant que ceux qui accumulent par l'économie les fruits d'un travail intelligent ? Mais cela est d'ailleurs impossible ; et l'inégalité des conditions, supposé qu'on pût l'effacer tout à coup (ce qui ne se ferait qu'au prix des plus sanglants désordres), reparaîtrait presque immédiatement, vu les différences d'intelligence, de force, de vertu. Il est des hommes qui auraient dévoré leur part en quelques heures. Aussi les chimères de ce genre ont-elles toujours été sans prise sur l'esprit des gens sensés.

La seule égalité qui soit un droit et que la morale réclame, c'est l'égalité des personnes devant la loi. Cette égalité là, la Révolution française nous l'a définitivement donnée, et elle suffit à tout honnête homme. Par elle nous pouvons acquérir l'autre. Avec du courage et de l'ordre, avec de l'intelligence, de la santé et un peu de bonheur, il n'est aucun rang où le plus humble de nous ne puisse s'élever. Au reste, n'oublions pas que le but de cette vie n'est pas la richesse, mais l'accomplissement du devoir, lequel procure infailliblement le seul bonheur enviable, le contentement de soi. *Contentement passe richesse.*

Respecter la propriété, ce n'est pas seulement s'interdire cet acte honteux qu'on nomme *vol*. Il y a de menus vols, auxquels on ne donne pas généralement ce vilain nom, dont on parle avec une certaine indulgence, et qui n'en sont pas moins des atteintes au bien d'autrui. De ce genre sont le braconnage et la maraude. Tuer le gibier d'autrui en trompant les gardes, est un acte dont certains chasseurs se vantent presque, loin d'en rougir. Dérober des fruits dans un jardin, paraît un simple jeu à certains enfants mal élevés. Ce sont pourtant là de vraies fautes, et fort graves, sinon par le dommage matériel qu'elles causent, au moins par les dispositions qu'elles révèlent et qu'elles excitent chez celui qui se les permet. La ruse, l'habileté, la hardiesse peuvent mener à toutes sortes de méfaits, quand on prend l'habitude d'en faire un emploi si peu scrupuleux.

Ce devoir tout négatif de ne pas voler, de ne pas porter la main sur ce qui ne nous appartient pas, se complète par des devoirs plus positifs, restituer tout bien injustement acquis, et réparer de bonne grâce tout dommage causé par notre faute. C'est une mauvaise et sotte honte qui nous ferait garder ce que nous avons pris sans droit. Presque tous les jours les trésoriers de l'état reçoivent des restitutions de sommes, petites et grandes, autrefois soustraites par la fraude. Ceux qui font ces restitutions soit en cachant leur nom, soit même en ayant le courage de le dire, donnent un exemple excellent, et rachètent noblement leur faute.

De la bienfaisance

Que commande la charité en matière de propriété, à ceux qui ne se contentent pas de la froide et stricte justice? La charité leur commande de sacrifier une part de leurs biens pour adoucir le sort de ceux qui ne possèdent rien.

Nous avons déjà parlé de l'aumône, mais l'aumône seule ne suffit pas, et elle a besoin d'être faite avec discernement et prévoyance. Donner un peu d'argent à ceux qui sont dénués, un peu de pain à ceux qui ont faim, c'est à merveille. Fonder des hôpitaux pour les malades pauvres, des hospices pour les enfants, et les vieillards, c'est mieux encore. Mais le mieux de tout, c'est de procurer du travail à ceux qui en manquent, c'est de leur faire les avances dont ils ont besoin, de leur apprendre à s'associer et à épargner, de les mettre en un mot à même de conquérir eux-mêmes leur aisance et leur indépendance.

Ils ne seront pas ingrats, car l'ingratitude est plus rare qu'on ne le dit. Il n'y a que quelques natures basses qui se trouvent humiliées des services qu'on leur a rendus, et qui oublient les bienfaits pour n'avoir pas à les reconnaître. L'immense majorité des hommes bénissent et chérissent leurs bienfaiteurs. Mais quand on ne devrait récolter que l'ingratitude, qu'importe encore? Est-ce qu'on fait le bien pour les avantages qu'il rapporte! Est-ce que la charité est un placement à intérêt? Un ancien a dit : C'est un plaisir royal d'entendre dire du mal de soi quand on fait bien. Nous dirions volontiers de même : C'est un plaisir royal d'obliger des ingrats.

Devoirs mutuels des ouvriers et des patrons.

Nous pouvons terminer ici cette énumération des devoirs généraux, soit de justice, soit de charité. On connaît maintenant les principes : il ne sera pas difficile de les appliquer à tous les cas particuliers.

Par exemple entre ouvrier et patron, entre maître et domestique, quels sont les devoirs? Ils tiennent tous dans ces formules si simples : ne jamais se traiter comme moyen; travailler, au contraire, au bonheur l'un de l'autre. L'ouvrier et le patron traitent d'égal à égal et font un vrai contrat, ils prennent des engagements mutuels qu'ils doivent tenir en conscience. Le maître qui abuserait de la misère des ouvriers et de la concurrence qu'ils se font entre eux par leur grand nombre pour leur payer d'un salaire dérisoire un travail très-pénible, commettrait une véritable iniquité; mais les ouvriers n'en commettraient pas une moins honteuse, s'ils profitaient de leur petit nombre, du besoin pressant qu'on a de leurs bras, pour refuser le travail ou exiger des salaires exorbitants.

Ils doivent sans doute faire leurs conditions et rappeler leurs droits à qui les méconnait. Un bon ouvrier qui fait sa tache vaillamment et sans tromper le maître, a droit à des égards et à de bons traitements. Mais ceux qui auraient un mouvement d'envie contre ce patron pour qui est la plus grosse part des bénéfices doivent songer qu'il leur prête ses capitaux et ses machines, sans lesquelles eux seuls ne pourraient rien, qu'il les dirige par son intelligence, qu'il assure à leur travail les matières premières et aux produits de leur travail les débouchés, qu'il fait toutes les avances et court tous les risques, qu'il leur épargne autant que possible le chômage et les mortes-saisons. Certains patrons font plus encore, ils procurent à l'ouvrier le médecin pour ses maladies, l'école pour ses enfants ; ils organisent des caisses de secours et des caisses de retraite. Quand un maître donne de tels exemples, n'est-il pas juste que son entreprise prospère ? n'a-t-on pas plaisir à travailler pour lui, et ne serait-ce pas une criante injustice de manquer, par envie, de respect, d'obéissance et de bon vouloir envers lui ?

De l'envie.

L'envie est le sentiment le plus funeste, peut-être le plus bas, qui se puisse glisser dans un cœur. Une franche haine, avec plus de violence ne détruit pas plus sûrement l'union et le bon ordre de toute société. Qu'est-ce qu'être envieux ? C'est désirer le malheur prochain, se réjouir du mal qui lui arrive, s'affliger de ses succès et de sa prospérité. Dans de tels sentiments, non-seulement on n'est point charitable, mais il est bien difficile de rester juste.

Quelle différence de caractère et de grandeur morale, entre l'envieux, toujours disposé à regarder comme un malheur pour lui ce qui arrive d'heureux ou d'agréable aux autres, et le sage, au cœur généreux, qui sent les peines d'autrui autant que les siennes, qui oublie son chagrin à soulager autrui, qui rend au besoin le bien pour le mal. Imaginons une société dans laquelle régnerait à tous les degrés le pardon des injures, le dévouement, le sacrifice, l'émulation d'être utile aux autres; une telle société serait comme un paradis sur terre. Les misères et les souffrances de la condition humaine y seraient adoucies infiniment, la somme de bonheur y serait la plus grande possible. Car de nos maux, les plus nombreux et plus amers ont pour cause nos rivalités et nos conflits.

MORALE INDIVIDUELLE

DEVOIRS ENVERS NOUS-MÊMES.

Nous connaissons les devoirs de l'homme vivant en société : considérons maintenant l'individu isolé. Quand je serais seul au monde, j'aurais encore des devoirs, des devoirs envers moi-même.

Au premier abord il peut paraître singulier

qu'un homme ait des devoirs envers lui-même; et il semble qu'on puisse toujours, si on le veut, se tenir quitte de ces obligations qu'on n'a qu'envers soi. Mais en réalité cela n'est pas : ces devoirs sont tout aussi sérieux, tout aussi impérieux que les autres. C'est que ce sont des devoirs envers la raison, envers cette personne humaine d'une valeur infinie, que chacun de nous porte en lui. En nous comme en autrui, nous devons respecter la dignité de la personne raisonnable, tout ce qui fait la noblesse de l'homme et nous sépare de la bête.

Du Suicide.

Quand nous n'aurions ni parents, ni amis, ni personne au monde, notre devoir serait encore de vivre, et le *Suicide* serait un crime; c'en est donc un, à plus forte raison, dans l'état ordinaire des choses. Que deviendrait l'humanité, et par conséquent la moralité en ce monde, si l'exemple de ceux qui se donnent la mort passait en usage général? Et notons que cet exemple est des plus contagieux : il est très-fréquent de voir un suicide suivi de plusieurs autres.

On parle quelquefois de ceux qui se tuent volontairement, comme s'ils donnaient en cela la plus grande preuve de courage. Mais ils donnent plutôt une marque de faiblesse et de lâcheté, car ils se tuent par désespoir, pour échapper à des maux qu'ils trouvent intolérables; et, quelque énergie qu'il leur faille pour mourir, on peut dire qu'il leur en faudrait encore plus pour vivre. On les comparait déjà dans l'antiquité à de mauvais soldats qui désertent leur poste; car, disait Socrate, nous avons été mis dans cette vie comme à un poste de combat; nous devons y rester jusqu'à ce qu'on nous rappelle et qu'on sonne la retraite. Il faut savoir souffrir et attendre des jours meilleurs, il faut recevoir en face les coups du sort. Quand on n'a rien à se reprocher, il n'y a point de malheur insupportable. Et si l'on a commis quelque grande faute, loin de se tuer sous le coup de la honte, ce qui ne répare rien, c'est une raison de plus de vivre, pour se repentir et réparer le mal fait.

Quant au prétendu déshonneur qui nous serait infligé par l'injustice ou l'insolence d'autrui et nous rendrait la vie insupportable, nous avons déjà dit que la morale ne l'admet pas. L'injustice est déshonorante pour celui qui la commet, non pour celui qui en est victime. Loin de fuir et d'abdiquer devant elle, il faut vivre pour la combattre et la punir.

Les vertus individuelles : Tempérance, Prudence et Courage.

Ce qui vaut en nous, c'est surtout la personne morale avec ses facultés, savoir : la sensibilité par laquelle nous sentons et aimons, l'intelligence par laquelle nous sommes capables de penser et d'apprendre, la volonté par laquelle nous nous guidons. Or chacune de ces facultés a son bien propre : le bien de la volonté c'est l'énergie, le bien de l'intelligence c'est la science, le bien de la sensibilité c'est la bonté et le bonheur. Une âme bien équilibrée est celle où chaque faculté reste à sa place, développée et satisfaite le plus possible, mais sans préjudice pour les autres.

Les anciens reconnaissaient trois vertus correspondant à trois de ces facultés, et qui étaient selon eux, les grandes vertus individuelles, comme la justice et la bienfaisance étaient les grandes vertus sociales. La vertu de la sensibilité était la *Tempérance*, c'est-à-dire la modération dans les plaisirs, le calme dans les affections, l'horreur de tous les excès. — La vertu de l'intelligence était la *Prudence*, c'est-à-dire l'esprit de conduite, la sagesse, l'habileté à éviter les occasions de mal faire. — Enfin la vertu de la volonté était le *Courage* ou la *Force*, c'est-à-dire le mépris des dangers, la fermeté contre les tentations, la vigueur à faire bien, coûte que coûte. — En somme nous devons établir en nous l'ordre et la discipline et nous posséder nous-mêmes avant tout : c'est ce qui fait notre dignité d'hommes, c'est ce qui nous distingue des animaux guidés par leurs seuls appétits.

Devoirs envers notre corps.

Mais il suit de là que nous avons des devoirs envers notre corps même, c'est-à-dire des devoirs relatifs aux fonctions de nos organes, par exemple au boire et au manger. Le corps, dont la personne morale est inséparable en ce monde, participe nécessairement à sa dignité, comme instrument de notre activité et de nos facultés supérieures. Il faut le respecter, le soigner, le rendre autant que possible sain et robuste.

C'est un devoir non-seulement de ne pas s'exposer inutilement aux accidents et aux maladies, de ne pas s'affaiblir et s'abrutir par l'intempérance, mais encore de développer ses forces par l'exercice, et de s'endurcir à la fatigue. En Grèce les jeunes gens partageaient leur temps entre l'école et le gymnase ; quelque prix qu'on accordât à la science, on savait que la force morale demande à être servie par la force physique, que, toutes choses égales, un homme est plus à même d'accomplir ses devoirs, plus utile à lui et aux autres, quand il a une santé superbe, des muscles d'acier, une grande adresse. Plaignons et secourons les malades, ayons pitié de ceux qui ont le malheur de se voir inutiles et parfois même à charge aux autres. Mais faisons tout pour ne pas tomber par notre faute dans un tel état. Quelle honte pour nous par exemple, si, le jour où la patrie aurait besoin de nous, où la famille accrue réclamerait de nous un surcroît de travail, nous nous trouvions, par suite de nos fautes, hors d'état de payer de notre personne !

Sans faire de notre corps une idole, nous devons donc l'entourer de soins et le cultiver, afin qu'il vaille tout ce qu'il est susceptible de valoir. Evitons à la fois les voluptés qui amollissent et corrompent, et les privations inutiles. Surtout regardons comme le premier devoir d'un homme qui se respecte la propreté, car c'est le premier signe de la dignité personnelle et on pourrait presque dire le commencement de la vertu.

Du travail.

Le travail est la loi universelle. Il se présente ordinairement comme un devoir social, c'est-à-dire envers autrui (car on travaille le plus souvent pour quelqu'un, par exemple pour sa famille); mais le travail serait encore obligatoire et moralement bon pour un individu qui se trouverait seul sur terre. En effet, la paresse et l'oisiveté sont essentiellement mauvaises conseillères. Dans l'inaction le corps s'affaiblit; l'esprit de même languit et s'émousse faute d'exercice. Le travail met en jeu toutes nos facultés : la volonté, car il est essentiellement un effort réglé; l'intelligence, car, si humble qu'il soit, il suppose toujours une combinaison de moyens pour une fin à réaliser ; enfin le cœur, car on ne fait bien que le travail auquel on se plait.

Certains travaux sont plus relevés que d'autres en ce sens qu'ils demandent plus d'intelligence et moins de force physique ; mais en réalité tout travail est également noble et, comme dit le proverbe, *il n'y a pas de sot métier, il n'y a que de sottes gens*. Dans l'accomplissement de toute tâche quelle qu'elle soit, on peut montrer de l'intelligence, de l'énergie et du cœur. C'est une grande sottise à ceux qui travaillent de leurs mains de se figurer que le travail de l'esprit est moins utile ou moins pénible; mais réciproquement ceux qui s'appliquent aux sciences, aux arts, à tous les travaux de l'intelligence, ne pourraient sans injustice dédaigner les travaux manuels. Chaque condition a son importance et peut avoir sa dignité. Tout métier est noble quand on le fait bien, et heureux quand on a la sagesse de s'en contenter. Un de nos poètes, M. Sully Prudhomme, a exprimé dans de jolis vers le besoin que nous avons tous les uns des autres, les services mutuels que nous nous rendons, l'amour que nous nous devons.

UN SONGE.

Le laboureur m'a dit en rêve : fais ton pain,
Je ne te nourris plus, gratte la terre et sème.
Le tisserand m'a dit : fais tes habits toi-même;
Et le maçon m'a dit : prends la truelle en main.

Et seul, abandonné de tout le genre humain,
Dont je traînais partout l'implacable anathème,
Quand j'implorais du ciel une pitié suprême,
Je trouvais des lions debout dans mon chemin.

J'ouvris les yeux, doutant si l'aube était réelle :
De hardis compagnons sifflaient sur leur échelle,
Les métiers bourdonnaient, les champs étaient semés.

Je connus mon bonheur et qu'au monde où nous [sommes,
Nul ne peut se vanter de se passer des hommes;
Et depuis ce jour-là je les ai tous aimés.

Ainsi, le travail de tous sert à chacun, et l'on ne peut sans angoisse songer à l'état de misère et de barbarie dans lequel les hommes retomberaient, s'ils venaient à se refuser leurs mutuels services. Nous avions déjà vu plus haut que le travail produit le capital, qu'aidé de l'épargne il est la source de toute richesse, et par suite la meilleure garantie d'indépendance : en voilà plus qu'il n'est besoin pour nous faire trouver bonne et salutaire cette grande loi de la vie humaine.

RAPPORT DE L'HOMME AVEC LA NATURE ET AVEC LES ANIMAUX.

Aux devoirs de l'individu envers lui-même, nous pouvons rattacher les obligations morales de l'homme dans ses rapports avec les choses, principalement avec les êtres vivants. Certes, les choses n'ont pas de droits, et les animaux n'en ont pas non plus, puisque le droit se définit : l'inviolabilité de la personne raisonnable. Il n'en est pas moins vrai que nous avons des devoirs envers les animaux et les plantes mêmes, ou si l'on veut, des devoirs envers nous-mêmes, des devoirs de raison et de bonté, au sujet des plantes et des animaux.

Règle générale, il ne faut rien détruire inutilement. Respectons et admirons l'ordre et la beauté de la nature : c'est là une des meilleures joies du sage. Il n'y qu'un brutal ou un fou qui puisse se plaire à répandre le désordre et la douleur. Nous pouvons sans doute nous servir des choses, détruire les plantes selon nos besoins, tuer les animaux sauvages soit pour nous défendre, soit pour nous nourrir, dompter les animaux domestiques pour mettre à profit leurs forces ou leurs dépouilles. Mais il convient au moins que l'homme ne tue pas sans utilité, et qu'il épargne autant que possible la souffrance aux bêtes. Où serait sa supériorité d'être raisonnable, s'il prenait un plaisir aveugle à tuer et à frapper de pauvres bêtes dénuées d'intelligence.

Il y a des enfants cruels et sots qui mettent leur joie à briser les fleurs, à tuer les insectes, à détruire les nids des oiseaux. Je me défie de ces enfants-là et je n'augure rien de bon de leur avenir comme hommes. Certains hommes aussi, certains charretiers, certains bouviers, maltraitent sans pitié et criblent de coups les animaux confiés à leur direction. C'est là le signe non trompeur d'une âme violente et basse. Quel maître ne serait en défiance contre de pareils serviteurs ? Tout le monde sait qu'on reconnaît le bon ouvrier à son affection pour les animaux, ses compagnons de travail. Voyez le vrai et brave laboureur quel soin il a de ses bœufs ! Voyez si le bon charretier prend jamais sa nourriture ou son repos avant d'avoir pourvu aux besoin de ses chevaux. Au régiment, il est de règle que le cavalier soigne toujours son cheval avant lui-même.

L'intérêt public en cela est d'accord avec la morale ; c'est pourquoi une loi (appelée la loi Grammont), punit sévèrement ceux qui maltraitent les animaux : ils encourent un procès, qui entraîne l'amende et la prison.

Il y a aussi des lois et des règlements pour encourager ou interdire la destruction des animaux sauvages, bêtes fauves, oiseaux, reptiles, insectes, selon que la science reconnaît telle ou telle espèce comme utile ou comme nuisible. Ainsi dans beaucoup de départements une récompense en argent est décernée à ceux qui tuent les loups, les vipères, ou à ceux qui détruisent en grand nombre les hannetons. Mais il faut bien prendre garde de ne pas agir à l'étourdie, de ne pas regarder comme nuisibles des espèces en réalité très-utiles. Par exemple, le chat-huant, que les gens de la campagne détestent souvent pour la tristesse de son cri nocturne, et qu'ils tuent sottement pour le clouer à la porte de leurs granges, est un oiseau des plus précieux dans nos fermes : il fait la besogne de plusieurs chats et détruit un nombre incalculable de rats ; il portège donc le grain de nos granges. De même certains oiseaux de proie nous font plus de bien que de mal en détruisant les reptiles et les mulo's ; et presque tous les petits oiseaux, y compris les plus hardis pillards, nous paient avec usure les graines qu'ils nous mangent, en faisant une guerre acharnée aux insectes et aux vers. Qui n'a vu la bergeronnette se percher sur le dos des moutons, sur les cornes des bœufs, et les débarrasser des moucherons? Si l'homme n'avait pas le secours de l'oiseau contre les myriades d'insectes qui pullulent au printemps, prêts à dévorer ses moissons, peut-être la vie lui serait-elle impossible.

On raconte qu'autrefois en Hongrie, l'ignorence des paysans ayant détruit tous les moineaux, il fallut au plus vite et à prix d'or en acheter dans les pays voisins, tant on se vit la proie des insectes. La même chose s'est produite en Normandie pour les corneilles : on avait cru bien faire de les pourchasser ; mais, dit un historien, « les hannetons, dès lors, tellement profitèrent, leurs larves multipliées à l'infini poussèrent si bien leurs travaux souterrains, qu'une prairie entière, qu'on me montra,avait séché à la surface ; toute racine d'herbe était rongée. et la prairie entière, aisément détachée, roulée sur elle-même, pouvait s'enlever comme un tapis. »

On voit par là qu'il est aussi imprudent que barbare de faire une guerre à mort aux animaux, sans réflexion et sans nécessité. Il en est sans doute qui sont nos ennemis et contre lesquels il faut bien nous défendre ; mais beaucoup travaillent pour nous à notre insu, et nous servent. Et quand ils ne serviraient à rien, à quoi bon les faire souffrir et les tuer ? Quoiqu'ils n'aient pas la raison, ils sont sensibles comme nous ; ils aiment leurs petits et les défendent. Ils font d'ailleurs partie de l'ordre universel et servent à la beauté du monde. Est-ce que le chant du rossignol, du merle, du pinson, n'est pas la joie de nos bois quand revient le printemps ? L'hirondelle loge dans nos cheminées ; elle met son nid même à notre portée, et n'a point du tout peur de nous : ne serait-il pas cruel de lui faire du mal ? Que dire de l'alouette, « l'oiseau des champs par excellence, l'oiseau du laboureur, sa compagne assidue, qu'il retrouve partout dans son sillon pénible pour l'encourager, le soutenir, lui chanter l'espérance ? »

MORALE RELIGIEUSE. DEVOIRS ENVERS DIEU.

De tous les animaux l'homme est le seul qui s'élève à la conception d'un Dieu, cause de toutes choses, et qui ait le sentiment religieux : de là des devoirs d'un nouveau genre.

Notre raison est ainsi faite, que nous ne pouvons pas nous contenter de prendre le monde comme il est, mais que nous nous demandons malgré nous d'où vient ce monde et par qui il a été fait. Comme tout ce qui arrive a une cause, nous voulons savoir quelle est la Cause première de tout cet univers, et quand nous réfléchissons à cette question, quand nous interrogeons les hommes qui ont le plus pensé sur ce point, tout nous répond : Dieu.

Dieu n'est pas seulement conçu comme une Cause créatrice toute puissante. L'ordre admirable qui règne partout dans le monde ne peut avoir été établi que par une Intelligence souveraine. De même qu'une belle machine suppose un bon ouvrier, et qu'une excellente horloge suppose un habile horloger, de même cet univers, où tout est si bien ordonné, depuis le cours des astres et la marche des saisons, jusqu'au moindre détail de la vie des plantes et des animaux, est sans doute l'œuvre d'une Sagesse incomparable, d'une Providence partout répandue.

Et quand le spectacle des choses ne nous révèlerait pas un Dieu, notre conscience le proclamerait encore et crierait vers lui de toutes ses forces. Car si nous ne reconnaissions pas sa puissance et son intelligence dans les lois de la nature, comment ne pas reconnaître son autorité suprême et la majesté de son commandement, dans cette loi du devoir qui parle si haut au dedans de nous? Et quand nous voyons triompher les méchants et souffrir les bons contre toute justice, quand l'innocence est méconnue ou persécutée, l'hypocrisie honorée, le droit écrasé par la force, comment croire que la plainte des faibles ne sera jamais entendue, et qu'un jour ne viendra pas où il sera fait à chacun selon ses œuvres? Sans cette croyance au triomphe final de la justice, combien cette vie serait sombre et désolée!

Mais notre raison ne peut admettre un seul instant que le monde soit ainsi abandonné à la force brutale, à l'aveugle hasard. Voilà pourquoi, depuis qu'il y a des hommes qui pensent, l'humanité croit à une Justice cachée et s'incline devant une Bonté divine. Le sentiment religeux n'est autre que la disposition de notre cœur à adorer ce Dieu bon et juste, et à l'aimer, à le bénir pour ses bienfaits, puisque tout ce qui est beau et bon est son ouvrage, à nous résigner aux épreuves qu'il nous envoie, lui demandant pour toute faveur la force d'accomplir tous nos devoirs, et nous fiant à lui pour le reste.

La première et la vraie façon de servir Dieu, c'est donc de faire le bien sans compter. Nous mériterons par là un bonheur d'autant plus grand que nous aurons moins agi en vue du bonheur.

Quant aux autres devoirs religieux, c'est la religion qui les enseigne, et chaque religion les règle à sa manière. Accomplissons tous ceux de notre religion, c'est-à-dire, soyons sérieusement de la religion que nous croyons la meilleure, tout en souffrant que d'autres pratiquent en paix à côté de nous celle que leur conscience juge la bonne. C'est ce qu'on appelle la liberté des cultes, et sans elle il n'y a pas de paix possible.

On a peine à comprendre que la tolérance religieuse ait été si longtemps à s'établir parmi nous. Comment les hommes ont-ils pu croire pendant tant de siècles, qu'ils étaient agréables à Dieu en imposant aux autres par le fer et le feu leur manière de le servir? Comme si un Dieu de bonté pouvait aimer la persécution, le carnage et les conversions feintes obtenues par la force! La force engendre non pas la foi, mais, ce qu'il y a de plus contraire à elle, l'hypocrisie.

L'offrande la plus agréable au Dieu que la morale proclame et salue, c'est une conscience sans reproche, la sincérité absolue d'une âme sans tache, la candeur et la simplicité du cœur.

FIN

TABLE DES MATIÈRES

FIN DE LA TABLE

Saint-Amand (Cher). — Imprimerie de Destenay.

www.ingramcontent.com/pod-product-compliance
Ingram Content Group UK Ltd.
Pitfield, Milton Keynes, MK11 3LW, UK
UKHW020151200726
13856UKWH00003B/937

9 782013 579070